KB077414

50부터는
물건은 뺄셈 마음은 덧셈

50부터는
물건은 뺄셈
마음은 덧셈

이노우에 가즈코 지음 \ 김진연 옮김

이것만 알아도
50 이후의 삶은
풍요로워진다

CHANGE
MY LIFE

센시오

50부터는 버릴 것과 살릴 것만 구분하면 삶이 풍요로워진다

껍질이 크고 화려해서 기대에 차 까보았더니, 정작 알맹이가 썩고 바싹 말라비틀어져 먹을 게 없다. 어느 날 소라를 까먹다가 상념에 잠긴다.

'이거… 마치 내 인생 같은데?'

어느새 그런 나이가 되고 말았다. 어디론가 부지런히 뛰다가 정신을 차려보니, 인생이라는 반환점을 돌고 있다.

나는 무엇을 이루었고 무엇이 되었는가? 뭘 가지려고 발버둥 쳤고 뭘 가지지 못해 가슴 쳤는가?

50세라는 나이는 아직은 인생 후반부 혹은 노년이라고

하기에는 이를지 모른다. 하지만 이제 당신은 어떤 기로에 서 있다. 지금까지 어떻게 살아왔는지 한 번 매듭을 지어보고, 남은 시간을 어떻게 살아가는 게 좋을지 새로이 내다볼 기로 말이다.

이제부터는 체력도 열정도 꺾어지기 시작한다. 젊다고 자신했던 몸은 서서히 배신을 시작하고, 의리와 우정으로 충천했던 친구들도 예전 같지 않다. 이제 뛰어오느라 가쁜 호흡을 가다듬으며, 앞으로의 장기전에서 버틸 수 있는 힘을 비축해야 한다.

무엇보다 거추장스러운 것들을 벗어버리는 일부터 시작해보자. 사용하지도 않는 공간, 필요하지도 않은 물건들, 쌓아두기만 하고 버리지 못한 것들로부터 벗어나면 인생은 한결 홀가분해진다. 사지 않아도 될 것을 사지 않고, 모으지 않아도 될 것을 모으지 않으면, 일상은 덜 너저분하다. 바야흐로 '뺄셈'의 라이프스타일을 시작해야 할 때다.

비단 물건에만 해당되는 얘기가 아니다. 그럴듯해 보이려고 얼마나 많은 껍데기를 덕지덕지 붙이고 살아왔는가. 마음에도 머리에도, 인간관계에도…. 쓸모없는 일, 성가신

일에 휘말려 감정을 허비하고 쓸데없는 짐과 상처를 끌어안고 여기까지 왔다. 앞으로도 계속 그런 것들 때문에 인생이 휘둘리며 좌지우지된다면 어른으로서 정말 한심할 노릇이다. 정말 필요한 물건에만 둘러싸여 정말 하고 싶은 일을 하고 사는 것이야말로, 앞으로의 인생을 즐겁고 충만하게 만들 수 있는 비결이다.

물건과 관계와 미련을 뺄셈했다면, 이제부터 부지런히 덧셈을 해야 할 것이 있다. 바로 '나만을 위한 시간', '나의 마음을 돌볼 여유', 그리고 '나의 두 번째 커리어를 위한 노력'이다. 살아보니 50세가 참 좋은 출발점인 이유가 있다. 여전히 무거운 짐을 지고 있기는 하지만, 서서히 손가락 사이로 모래가 빠져나가듯 의무와 책임과 당위가 빠져나간다. 그런데도 앞으로 살아야 할 세월은 장구하다. 이 빈틈을 무엇으로 채울지 열심히 궁리하지 않으면, 자칫 아무 생각 없이 두 번째의 소중한 인생 기회를 놓치고 만다.

이제까지 앞만 보고 달려왔다면 이제는 천천히 그 속도를 늦추면서 주변 경치도 돌아보고, 무엇보다 달려오느라 지친 심신을 잘 정비해야 한다. 다른 이들의 눈높이에 맞추려고 까치발을 세우고 열심히 키 높이를 세웠던 날들과 작별하고, 좀 더 영리하고 좀 더 이기적으로 삶의 방식을 바꿔 나가야 한다. 무엇보다 다치고 지쳐 있을 마음을 잘 돌봐줘야 한다.

필자는 이 책을 통해 공간, 물건, 일상의 살림살이를 '뺄셈'함으로써 심플하게 만 드는 법, 그리고 시간과 관계를 정돈하고 풍요롭게 만들어서 하고 싶은 일에 매진할 수 있도록 마음을 '덧셈'하는 법을 소개할 것이다.

다행인 것은 우리 모두 인생의 반 바퀴를 돌아오는 동안 저마다 현명하고 지혜로워져서, 그 어느 때보다 '더 잘 살 수 있는 준비'가 되어 있다는 점이다. 나의 작은 조언이 그저 삶을 설계하고 궁리하는 데 작은 밑바탕 내지는 응원으로 작용한다면 더 바랄 나위가 없겠다. 먼저 지나온 사람으로서 건네는 당부의 말이니, 가끔 너무 잔소리처럼 들려도 너그러이 용서해주기 바란다. 앞으로 더욱 즐겁고 지혜롭고 아름다우며 생기 넘쳐질 당신의 인생에 기꺼이 감탄의 박수를 보낸다!

차
례

1장

버린다-소유하지 않는다-끝까지 쓴다, 50부터 물건은 뺄셈

50부터는 낭비 없이
집안일 다이어트를 시작하자

3장

50부터 살릴 것과 버릴 것
-건강 편

4장

50이라면 뺄 줄 알아야
진정 어른의 멋이 난다

5장

50부터는 남 신경 쓸 필요 없이
오롯이 나만을 위해

6장

50부터 마음에
무엇을 덧셈할 것인가

7장

이것만 알아도
50 이후의 삶은 훨씬 풍요로워진다

1장

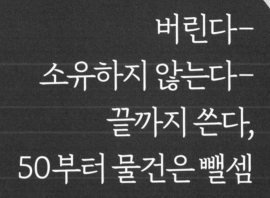

버린다-
소유하지 않는다-
끝까지 쓴다,
50부터 물건은 뺄셈

50
CHANGE
MY LIFE
0

50 이전의 삶은 내가 선택하지 않은 삶이다. '부모, 배우자, 자녀 때문에 어쩔 수 없이…' 라는 변명이 붙었다. 하지만 50 이후의 삶은 내가 선택할 수 있다. 오롯이 나에게 집중해 진짜 행복하게 사는 삶. 그러려면 우선 복잡하고 번잡한 걸 털어내는 것부터 시작하자. 일상이 심플해져야 한다. 쓸데없이 나의 수고와 에너지를 분산시키는 것은 버린다. 뺄셈의 심플 라이프를 시작할 때다.

쌓아두고 버리지 못하는
물건은
쓰레기일 뿐이다

필자는 가정 방문 복지사로 일할 때, 방문한 집에 들어설 때마다 숨이 턱턱 막히는 경험을 했다. 어디에 발을 디뎌야 할지 모를 정도로 '물건으로 꽉 들어찬 집'들이 너무도 많아서 놀랐다.

방안에 다 들어가지 않을 정도로 많은 물건에 둘러싸여, 정작 본인은 간신히 이불이나 침대 위만을 공간 삼아 생활한다. 집이 넓고 좁고의 문제가 아니다. 넓은 집은 넓은 집대로 더 많은 물건이 가득 차 있었다. 그렇지 않은 집을 세는 편이 더 빠를 정도였다. 교양이 있느냐 없느냐, 경제적인 여유가 있느냐 없느냐와 무관하다. 나이 또한 전혀 상관없었다.

몽골 유목민들이 소유하는 물건과 선진국의 평균적인 현대인들이 소유하는 물건을 비교해보면, 후자 쪽이 무려 1,000배나 많다고 한다. 이른바 '성숙한 소비사회' 속에서 모두들 어느 정도 필요한 물건을 갖추고 산다. 그러면서도 끊임없이 '새로운 물건들'에 갈증을 느끼고 사들이지 못해 안달이 나 있다.

그렇다면 왜 우리가 소유하는 물건은 늘어날 수밖에 없을까?

첫째, 무의식중에 쌓아두기 때문이다. 선물 받은 것부터 충동적으로 산 것까지, 똑같은 용도의 여러 물건들을 켜켜이 모아둔다.

둘째, 버리지 못하기 때문이다. 더 쓸 일이 없는데도 처분하지 못한다. 심지어 젊은 사람들 중에는 한 번도 입지 않아서 가격표조차 떼지 않은 옷까지 산더미처럼 쌓아두는 경우도 있다. 새 가전제품을 사고도 헌 것이나 고장 난 것을 버리기 아까워 처박아둔다. 빈 음료 유리병, 빈 깡통, 빈 상자, 종이봉투 같은 것도 '어딘가 쓸모가 있겠지' 하고 쌓아둔다.

흔히 '버리긴 아깝다'고들 말한다. 버리지 않고 기부하거나 나눠줄 수도 있지만, 그러지 않는다. 버리지 못하는 사람에게는 소유에 대한 강한 집착이 존재한다.

그런데 이렇게 쌓아둔 물건은 나의 관심과 노력을 잡아먹는다.

어딘가에 쌓여 있다는 것만으로도 '정리해야 하는데…' 하는 찜찜한 마음을 갖게 만든다. 가지고 있으면 결국 사용하게 되고 어지르게 되고 내 일상을 난삽하게 만든다. 그러니 버려서 아까운 게 아니라, 버려야 비로소 개운해지는 것이다.

50에는 50에 어울리는 물건들에 의지해 최대한 단순하게 살면서, 아름답고 우아해져야 한다. 그러기 위해선 쌓아두지 않고 버리는 것부터 시작하자.

당신은 죽은 후에
어떤 물건들로
기억되고 싶은가?

TV 고발 프로그램을 보면 멀쩡한 좋은 집에 살면서 쓰레기들을 주워다가 집안에 잔뜩 보관해두어, 정작 자신은 몸 누일 곳조차 없이 사는 노인들의 모습이 가끔 나온다. 이런 행위는 '저장 강박'이라고 불리는 일종의 정신 질환 증세인데, 삶에서 느끼는 정서적 허기를 채울 길이 없어 물건을 채워둠으로써 보상하려는 심리에서 나온다고 한다.

그런데 나이가 들면서 나 스스로에게서도 그런 저장 강박의 단면이 보여 섬뜩할 때가 있다. '어디라도 쓸 데가 있겠지' 하고 불필요한 물건을 쌓아두는 모습, '차마 쓰기가 아깝다'면서 정말 좋은 것은 애지중지 모셔두고 허름하고 낡은 물건만 쓰는 모습을 발견할 때 그렇다.

직업상 노인들을 많이 만나게 되기도 해서인지, 죽음 이후에 대한 생각을 종종 하게 된다.

'내가 임종한 후에 내가 살던 공간, 그리고 내가 사용하던 물건들만 남겨지게 되면 어떻게 될까?'

'누군가 내가 남긴 공간과 물건을 정리하면서, 나를 어떤 사람으로 기억하게 될까?'

그런 생각을 하면 쓸데없이 사소한 물건에 집착하거나 좋은 것을 아껴두려던 마음이 사그라지곤 한다. 남은 사람들이 '이분은 꼭 필요한 것, 그것도 정말 예쁘고 좋은 것만 단정하게 쓰다 가셨다'고 나를 기억해주면 좋겠다. 내가 남겨둔 유품들을 서로 가지고 싶어 하며, 내가 가고 난 후에도 아껴가며 사용해준다면 더더욱 좋겠다.

반대로 '어휴, 이 분은 뭐 이리 쓸모없는 물건들을 잔뜩 쌓아두고 사셨나?' 하고 한탄하거나 '욕심은 많아서 자기한테 필요하지도 않은 것까지 움켜쥐다가 정작 사용도 해보지 못하고 가셨다' 하고 측은해하게 된다면 내가 남긴 공간과 물건들이 너무 초라할 것 같다.

당신은 어떤 공간, 어떤 물건으로 기억되고 싶은가? 지금부터 곰곰이 생각해볼 일이다.

생활의 군살부터 빼야
인생이
가벼워지지!

반갑게도 요즈음 물건을 적게 소유하고 사는 일명 '미니멀리즘'이 유행이다. 승려나 수도자처럼 극도로 검소하게 살자는 의미는 아니다. 어느 정도 소유와 집착에서 벗어나, 진정 자기 자신에게만 집중할 수 있는 삶을 살자는 뜻이다.

그런데 50부터는 이러한 뺄셈의 미니멀리즘을 삶의 핵심 원칙 중 하나로 삼을 필요가 있다.

왜냐? 앞서도 말했지만, 나이가 먹을수록 우리는 더 많은 물건을 소유하게 된다. 1년에 100가지를 사고 하나도 버리지 않는다면, 10년이면 순식간에 1,000가지 물건이 더 쌓이는 셈이다. 그러니 오랜 세월과 더불어 나도 모르게 쌓이는 물건들을 이제는 어느 정도 과감히 줄여나가야 한다. 그것도 의도적으로 말이다.

'치운다고 치우는데, 우리 집은 왜 이렇게 지저분한지 몰라'

'사는 공간이 어지러우니까 내 정신도 덩달아 어지러워지는 기분이야'

이런 기분을 느낀다면 작정하고 본격적인 '삶의 뺄셈 작업'을 시작해보자.

방을 정리하는 첫걸음은 '쓰지 않는 물건'을 처분하는 것이다. 입지 않는 옷, 기능을 하지 못하는 고장 난 가전제품, 오래된 가구, 연중 내내 쓸 일이 없는 도구 등 '쓰지 않는 물건'은 버린다. 수납과 정리의 기술 따위를 배워 차곡차곡 잘 정리하라는 말이 아니다. 과감히 처분해야 한다.

물건이 많아지는 원인 중 하나로 '여유분의 물건'을 들 수 있다. 집에 손님이 올 때를 대비해서, 명절 때 아이들이나 친척들이 올 때를 대비해서, 혹시나 무슨 일이 생길까 몰라

놔두는 물건들이다. 침구, 식기, 냄비, 수건, 화장 도구 등 그 종류는 한도 끝도 없다. 싼값에 사둔 대용량 제품, 1+1이라 여분으로 장만한 물건, 돌잔치나 칠순잔치에 가서 받았지만 마음에 들지 않아 쓰지 않았던 기념품, 혹시 소풍이라도 가게 되면 쓰려고 잘 씻어서 모아둔 일회용 식기……

단언하지만, 그렇듯 '타인을 위해' 혹은 '특별한 순간을 위해' 준비해둔 물건은 거의 쓸 일이 없다고 보아도 된다. 삶의 공간에는 나 자신이나 함께 사는 가족의 물건만 있으면 된다. 꼭 필요한 것을 최소로 소유하고, 그걸 다 쓴 다음에 새것을 산다. 이것이 바로 불필요한 물건을 늘리지 않는 비결이다.

이번 장을 통틀어 내가 사는 공간을 심플하고 아름답고 효율적으로 구성하는 아이디어들을 소개할 것이다. 그런데 그렇게 하려면 생각보다 모진 마음을 품을 필요가 있다. 오래 사용하던 물건들은 저마다 강력한 힘을 발휘하기 때문에 쉽사리 떼어내기 힘들다. 아주 오래 묵은 때처럼 벗겨내기가 쉽지 않다.

50부터는
절대 사면 안 되는
물건들

———————————— 뺄셈의 라이프스타일을 실천하기 위해 절대 사지 말아야 할 것들이 있다. 의외일 것 같지만, 그것은 바로 '수납 제품'들이다.

서랍장, 리빙박스, 책장에 용도별로 인덱스를 붙인 수납함, 냉장고를 환상적으로 정리해줄 것 같은 온갖 칸막이와 용기들은 단언하건대 심플하고 아름다운 일상을 사는 데 필요 없는 물건들이다. 뭐든 물건이 담길 수 있는 것은 새롭게 사지 않는 것이 좋다.

나이가 들고 아이들을 키우며 살림살이 규모가 커지다

보니 냉장고가 점점 늘어나서, 서너 대씩 사용한다는 이들도 있다. 그런데 이것 또한 미스터리다. 냉장고가 부족해 대수를 늘려도 어느 새 전부 다 꽉 차버리고 만다. 이곳은 한 번 들어간 음식이 여간해서 다시 나오지 않는 곳, 흡사 블랙홀과도 같다.

수납 공간은 이렇듯 물건을 빨아들이는 기능이 있다. 물건뿐만 아니라 정리하고 사용하고 챙기는 데 들어가는 나의 에너지와 시간마저 빨아들인다. 그뿐인가? 정작 내가 활동하고 휴식하고 숨 쉬어야 하는 공간까지 잡아먹는다.

수납할 공간이 많으면 많을수록, 그 안을 다 채우게 된다. 그 말은 결국 무엇인가? 물건이 점점 늘어난다는 말이다. 공간이 없으면 일찌감치 처분했어야 할 물건을 계속 품고 있다. 심지어 불필요한 물건을 수납하느라, 불필요한 수납 도구와 가구를 산다. 그야말로 물건을 모시고 사는 지경이다.

친구가 새 집으로 이사를 하기 위해 집안 물건을 정리했다며, 필요한 게 있으면 가져다 쓰라고 초대했다. 가보았더니 말마따나 현관에 물건이 산더미처럼 쌓여 있다.

같은 종류만 해도 수십 개씩이나 됐는데, 우산만 해도 12

개나 됐다. '왜 이렇게 많으냐?'고 물었더니, 여기저기서 기념품이나 선물로 받았는데 처분하기도 애매해서 그냥 두었단다. 친구 도와주는 심정으로 우산 몇 개와 수십 장의 셔츠를 받아왔다. 물론 집안에 들여오진 않았다. 친구 대신 미련 없이 처분해주었다.

일상을 심플하게 정리하는 와중에 겉보기에 깔끔해 보인다는 이유로 새로이 수납 도구나 가구를 사고 싶은 욕망을 떨치기 바란다. 다시 말하지만, 미니멀리즘의 출발은 '정리'가 아니라 불필요한 것을 버리고 쓸모없는 것을 '소유하지 않는 것'이다.

보이지 않는
낭비의 사각지대를
줄여라

―――――――――― 옷장 속 의류나 주방 서랍 속 조
리기구 등을 원칙 없이 우겨넣고 사용하는 사람들이 많다.

'나는 원래 깔끔한 것과는 거리가 먼 사람이야!'

'사는 게 바빠서 그런 사소한 것에까지 신경 쓰고 살 수
없으니 나 좀 내버려둬!'

이렇게 항변할지 모른다. 그러나 천성이 그렇다고 핑계
대며 포기할 일이 아니다. 공간이 정돈되어 있지 않으면 점
점 더 어지르게 되고, 그렇게 되면 일상은 더 불편하고 괴로
워진다.

생활에 편리하게 물건을 정리해두는 습관의 첫걸음은 물건들을 '잘 두지' 않는 것이다. 잘 둔다는 게 뭘까? 잃어버리거나 헷갈리지 않으려고 보이지 않거나 손을 타지 않는 곳에 잘 챙겨두는 것이다. 그런데 이렇게 하는 것이 제일 나쁘다.

사다리를 놓고 올라가야 하는 벽장이나 찬장 높은 곳, 허리를 구부려서 머리를 집어넣지 않는 한 보지 않은 곳들은 모두 사각지대死角地帶들이다. 그런 곳이 없어야 물건을 잘 수납할 수 있다. 잘 쓰지 않는 물건을 보관해두는 헛간이나 다용도실이라 해도, 모든 물건들이 육안에 보이게 둔다. 그래야 이미 갖고 있는데도 없는 줄 알고 중복해서 사는 일을 줄여서, 낭비를 막을 수 있다.

물론 최고의 정리 비결은 물건을 최소화하는 것이다. 그리고 서랍이나 찬장 같은 곳에 물건을 넣을 때에는, 가급적 모든 물건이 한눈에 보이도록 한다.

싱크대가 대표적이다. 싱크대 깊은 안쪽에까지 냄비나 프라이팬, 그릇 등을 잔뜩 수납해두지 않는다. 무겁고 큰 것은 아래 칸에, 가볍고 자주 쓰는 용기는 위쪽 칸에 수납하되, 사각지대 안까지 밀어 넣지 않는다. 택배 박스 등을 잘라서 아예 사각지대 안쪽을 막아버리는 것도 방법이다.

특별히 특정 계절이나 기일에만 사용하는 물품이 있다면, 투명 비닐에 담아 매직펜 등으로 용도를 적어놓고 견출지 등으로 잘 보이게 표시해서 넣어둔다. 특히 의류의 경우 속옷이라도 겨울용과 여름용이 있고 양말이나 스타킹 등도 계절에 따라 바뀐다. 이런 물건들을 투명 비닐에 담아 정리해두면, 계절이 바뀔 때 통째로 꺼내서 배치해둘 수 있으므로 물건끼리 섞이는 일 없이 편하게 교체할 수 있다.

하지만 물건을 제대로 뺄셈하다보면, 이렇게 용도별로 별도 보관할 필요조차 점점 느끼지 않게 된다. 물건을 줄이면 모두 다 눈에 보이는 곳에 단정하게 정리해둘 수 있다. 일상에서 사용하는 모든 물건들이 저마다 자기 자리를 지키며, 정해진 순서에 따라 사용되고 다시 제자리로 돌아간다.

장비빨은 그만,
이제 시간과 경험이
더 중요한 나이

———————— 어렸을 때 친구들을 보면 공부를 시작하기 전이 오히려 분주하고 요란한 부류들이 있다. 색깔별로 온갖 필기도구를 장만하고, 과목과 종류별 노트 같은 것을 사고, 책상을 정리하느라 진을 다 뺀다. 정작 공부를 시작해선 제대로 집중하지 못하고 졸기 일쑤다. 성적이 잘 나올 리가 없다.

성인이 되고 나서는 어떤가. 뭘 하든 일명 장비빨을 올리는 사람들이 꽤나 많다. 뭘 하나 시작하려 해도 준전문가 급으로 완벽하게 장비를 사둬야 직성이 풀린다. 그런데 정작 얼마지 않아 흥미를 잃어버려, 비싸게 주고 산 장비들은 천덕꾸러기 신세로 전락하고 만다.

누구나 '무언가를 완벽하게 갖추면' 잘해낼 수 있을 것 같다는 환상이 있다. 그래서 홈쇼핑 등에서는 운동 욕심이나 요리 욕심이나 외국어 학습 욕망 등을 자극해서, 필요도 없는 고가의 장비나 교재를 사도록 부추긴다. 그런데 이제 어느 정도 삶의 경험이 쌓이고 나면, 인생에선 큰 노력 없이도 결과를 얻을 수 있는 '이득 보는 거래'란 것이 존재하지 않는다는 걸 깨닫게 된다.

심리학 연구 결과나 통계 수치가 말해주듯, 소비로 인해 얻는 자기 위안이나 만족감은 얼마 가지 못한다. 그러니 소유보다는 '경험'에 가중치를 두고 사는 편이 훨씬 현명하다. 물건은 필요할 때 얼마든지 빌려 쓰면 된다. 더군다나 점점 더 다양한 물건을 손쉽게 빌려 쓸 수 있는 시대다. 침구, 연장, 식기, 가구 등 빌리지 못할 물건이 없을 정도다.

게다가 대개 집까지 가져다주고 도로 가져가는데다 관리도 알아서 해주니, 얼마나 시간과 노력이 절약되는지 모른다. 몇 번 사용하지도 않을 물건을 어딘가에 보관해두고 관리하느라 들어가는 노력을 줄일 수 있고, 무엇보다 비싼 돈 들여 샀는데도 제대로 쓰지 않는 데서 오는 죄책감으로 부터 자유로워질 수 있다.

나이가 들면 값비싼 취미도 구조조정을 해야 할 필요가 있다. 남에게 보이기 위해 부리는 허세 따위는 내가 행복하게 살고 소중한 시간을 보내는 데 아무 쓸모가 없다는 것쯤은 이제 알아야 한다. 50부터는 소유물보다 '남아 있는 시간'이 훨씬 더 가치 있는 자원이라는 것을 깨달아야 한다.

저 옷들이 모두
추억이나
재산일 수는 없다

―――――――――――― 나도 모르는 사이 쓸데없이 쌓
아두게 되는 물건 중 하나가 바로 '옷'이다.

집집마다 가보면, 온통 방마다 몇 층씩 옷을 보관해둔 수
납 상자들이 쌓여 있다. 벽장이나 옷장만으로 수납이 되지
않아서, 별의별 수납 도구들이 동원되지만 그마저도 흘러넘
쳐 곳곳에 옷이 넘쳐난다.

패션 전문가들이 들으면 화를 낼지 모르지만, 대다수 평
범한 이들에게 옷은 유행을 심하게 타는 소모품일 뿐이다.
'나를 표현해주는 상징', '사회적 지위를 나타내는 표상', '취

향과 품격이 드러나는 소품'이라고들 하지만, 대단한 갑부이 거나 연예인이거나 해당 분야 전문가가 아니라면, 실제 그런 값비싸고 아름다운 옷들을 소유한 사람은 극히 드물다.

옷을 버리거나 처분하는 데 어려움을 느낀다면, '이 옷을 내 자녀나 손자들에게도 물려줄 수 있을까?' 하는 기준으로 판단해보기 바란다. 유럽에선 이른바 명품으로 불리는 클래 식 스카프나 레인코트, 겨울코트 등을 대대로 물려주기도 한다. 그런 옷이라 절대 버릴 수 없다면 모르지만, 아마 그런 옷은 채 몇 벌도 안 될 것이다.

유행이 지난 옷, 체형이 바뀌어서 살 빼면 입어야지 하고 보관해둔 옷, 두 절기 이상 입지 않은 옷은 버리거나 판매하 거나 기부하는 등 처분하자. '유행이 돌아오면 언젠가 다시 입을 수 있을지 몰라' 하고 생각하겠지만, 그런 일은 일어나 지 않는다.

참고로 우리 집에는 옷장이나 서랍장이 따로 없다. 속옷 과 양말을 제외한 모든 옷은 옷걸이에 걸어서 침실 옆에 붙 은 드레스 룸 행거에 수납한다. 상의와 하의, 짧은 옷과 긴 옷을 순서대로 걸되, 흰색부터 검은색까지 채도별로 걸어서 쉽게 찾을 수 있다. 요즘처럼 냉난방이 잘 되어 있는 시절에는 계절 구분 없이 옷을 입는 경우가 많기 때문에, 이렇게 하는 편이 실용적이다.

옷을 관리하는 나만의 방법 몇 가지를 더 소개한다.

첫째, 옷의 개수는 일정하게 유지한다. 새 옷을 하나 샀다면 기존 것 하나는 처분한다. 아니, 기존 것을 처분한 다음에 필요한 옷을 하나 산다고 하는 편이 더 맞을 것이다. 필자는 참고로 계절별로 외출복 4벌, 평상복 4벌이라는 원칙을 정해두었다. 그것만으로 충분하냐고 의심스러워하는 사람이 있을지도 모르겠다. 하지만 실제 자주 입는 옷은 그리 많지 않다.

둘째, 값싼 옷은 사지 않는다. 마트에서 판매하는 저가 브랜드 제품이나 패스트 패션이라 불리는 저가 제품은 사지 않는다. 이들은 대개 빠른 유행에 발맞춰 손쉽게 사서 입고 버리는 용도로, 세탁을 하고 나면 변형이 쉽게 된다. 조금 비싸다고 생각돼도, 좋은 원단으로 제대로 바느질해서 만든 옷을 사서 깨끗하게 관리해 입는 편이 좋다. 나이에 걸맞은 품격도 연출할 수 있다.

셋째, 1년 동안 한 번도 입지 않은 옷은 처분한다. 이런 옷은 입을 상황이 생기지 않는 스타일이거나 다른 옷과 코디하기 힘든 옷이거나 샀지만 별로 마음에 들지 않는 옷이다. 내년에도 분명 입지 않을 게 분명하다. 1년이 너무 짧다고 느껴진다면 2년을 기준으로 해도 좋다. 미련 없이 처분한다.

50부터 꼭
신경 써서 챙겨야 할
물건은 3가지뿐

───────────── 물건을 뺄셈한다고 해서 무조
건 버리고 소유하지 않고 욕망을 버려야 할까? 그렇지 않다.
삶의 질을 올려줄 몇 가지 핵심적인 물건들은 정말 좋은 것
으로 정해두고 투자를 아끼지 않아도 좋다.

　물론 이 경우도 여러 가지를 잡다하게 사들여 보관해두
는 것이 아니라, 품목마다 정해진 개수를 소유하되 좀 더 신
경을 써서 장만할 필요가 있다는 말이다.

　첫째, 속옷이다.

대중목욕탕에 가보면, 연배가 지긋한 분들이 관리가 되지 않아 늘어지고 허름하고 변형된 속옷을 입고 있는 모습을 자주 보게 된다. 나이와 어울리지 않게 지나치게 화려하거나 몸매를 보정하기 위해 과도하게 조이는 속옷을 입은 모습도 본다.

속옷은 청결하고 위생적으로 생활하는 데 꼭 필요한 의류이자 겉모습을 완성하는 뼈대와도 같다. 나이가 들면서 체형도 바뀌기 때문에 젊을 때처럼 아무거나 골라서는 소화하기 힘들다.

가급적 순면 제품, 조임이나 변형이 덜하고 옷을 입었을 때 라인이 생기지 않는 제품을 고른다. 필요하다면 전문 속옷 브랜드에서 직원의 도움을 받아 자신에게 꼭 맞는 사이즈를 찾을 필요도 있다. 속옷 개수는 종류별로 최대 7장을 넘기지 않되, 1년에 한 번꼴로 모두 교체한다. 이너셔츠나 속바지의 경우도 2년에 한 번 정도는 완전히 교체해주는 것이 좋다.

둘째, 수건이다.

수건은 웬만해서 내 돈 주고 사는 일이 적은 물건이다.

답례품 등으로 쉽게 얻을 수 있는데다 모임에서도 시즌마다 찍어 나눠준다. 오히려 버리고 버려도 계속 쌓이는 게 수건이다.

필자는 선호하는 브랜드를 정하고 난 뒤에는 아예 수건 답례품은 받아오지 않는다. 하루를 시작하거나 마감하면서, 세안이나 목욕 후에 잘 삶아 좋은 냄새가 나는 뽀송뽀송한 수건이나 배스타월로 닦아내는 기분은 삶의 만족도를 한층 높여준다.

배스타월은 1인 당 2장, 일반적으로 수건으로 많이 사용하는 페이스타월은 1인 당 최대 7장, 세면대나 싱크대에 두고 쓰는 핸드타월은 10장 가량이면 충분하다. 그 외에는 일절 필요하지 않다. 단, 깨끗하게 세탁을 해도 탄력과 흡수력이 떨어지기 시작하면 교체해준다.

셋째, 침구다.

요즘은 침대 생활을 하는 경우가 많은데, 몸에 직접 닿는 침구는 순면이나 린넨 제품을 깨끗이 삶아 사용한다. 시중에 판매하는 제품 중에 마음에 드는 게 없을 때는 좋은 천을 사서 봉제를 맡겨 사용하기도 한다. 몸에 닿는 침대 커버와 시트, 베개 커버는 2종을 번갈아 사용하는데, 누렇게 변색되기 시작하면 교체해준다. 겨울에 시트 위에 덮을 구스 이불이나 스프레드 역시 계절별로 2종이면 충분하다.

대부분 가정의 옷장 속에는 손님맞이 용도로 여러 장의 매트, 요, 이불 등이 가득 차 있을 것이다. 하지만 여분은 한 벌 정도면 충분하다. 더 많은 손님들이 오게 된다면 침구 렌털을 이용하면 되겠지만, 여간해서는 그런 일조차 거의 생기지 않는다. 독립적인 생활이 중요해지는 앞으로는 점점 더 그럴 것이다. 가족 행사를 많이 치러야 하고 번번이 친척들이 와서 묵고 간다면 모를까, 사용하지도 않는 침구들을 두고 지낼 필요는 없다.

50이어서
더 유용한 물건은
바로 이것!

─────────────── 언제 무슨 일이 생길지 알 수 없

는 게 50 이후의 삶이다.

'나한테는 설마 그런 일이 일어나지 않겠지'

'무슨 일이 생기면 그때 가서 대처하면 될 거야'

이렇게 안일하게 생각하지 말고, 특정한 상황에 꼭 필요

한 물품들을 잘 정리해두어 어떠한 상황에도 당황하지 않고

대처할 수 있도록 준비를 해둘 필요가 있다.

첫째, 자산과 관련된 핵심 서류들을 모은 '인생 금고'를 만

들자.

흔히 중요한 물건은 한 곳에 두지 말라고 하지만, 꼭 그렇지만은 않다. 저마다 분산시켜두면 중요한 때 어디에 두었는지 기억하지 못하게 된다.

필자의 경우 정말 중요한 물건은 대여금고에 맡겨둔다. 하지만 일반인들 중에 그런 사람은 별로 많지 않을 것이다. 중요한 물건들을 보관하는 일종의 '인생 금고'를 정해두고, 그곳에 일목요연하게 보관하는 습관을 들이자. 특히 중요한 서류의 경우, '내가 아닌 누구라도 쉽게 파악할 수 있도록' 정리해두는 것이 필요하다.

은행 통장, 증권 권리증, 보험 증서, 연금 이력, 세금 관련 서류, 채권 채무 관련 서류, 영수증, 그 외에도 꼭 보관해두어야 하는 서류들이나 가전제품이나 귀중품의 보증서, 졸업 증서, 자격증서 등을 한 곳에 모아둔다. 요즘에는 인터넷에 접속하거나 모바일로도 정보를 쉽게 조회할 수 있지만, 인생 금고의 목적은 가족 누구라도 손쉽게 자산 관련 내역을 파악할 수 있게 하는 데 있다.

필자의 경우 투명비닐 포켓에 서류들을 보관할 수 있는 클리어파일을 이용해 체계적으로 정리해두었다. 다른 수납 도구는 일절 사지 않지만 클리어파일과 견출지만은 예외다.

포켓 하나에 한 가지 종류씩 분류해 넣어둔다. 포켓 우측에는 견출지로 분류 제목을 표시해두어 찾기 쉽게 해두었다. 일례로 '은행 관련' 파일에는 통장 번호, 대여금고 번호, 신용카드 비밀번호 등을 적은 일람표를 동봉해두었다. '가족 정보' 파일에는 가족관계증명서 사본, 여권번호, 운전면허증 사본 등 필요한 사항들을 보관한다. 이렇게 하면 누군가에게 무슨 일이 생겨도 가족 누구나 정보를 알 수 있다. 가계 관련, 업무 관련, 세금 및 확정 신고 관련, 연금 관련 등 필요한 서류를 구분해두어 바로바로 찾아볼 수 있게 해둔다.

이렇듯 인생 금고 하나에는 모든 주요 정보들이 다 들어 있게 되면 방범 상 위험하다고 여겨질지 모른다. 그럴 경우 소형 금고를 비치하거나 은행 대여금고를 사용하는 것도 방법이다.

둘째, 특정한 위기 상황에 대비한 물품들을 모아놓는다.

갑작스레 발생할 수 있는 상황은 병원에 입원해야 하거나 재난이나 위기 상황에 급박하게 대피해야 하는 경우 등이다. 극단적인 경우지만 은행에서 돈을 찾을 수도 없는 급

박한 재난이나 위기가 발생했을 때, 최소한의 대처를 할 수
있도록 준비해둔다.

속옷, 양말, 핸드타월, 슬리퍼 등 여분의 간단한 물품을
챙겨두고, 현금과 비상용 배터리, 소형 라디오, 긴급 의약품
같은 비상용품을 넣어둔다. 흔히 '생존배낭이라고 불리는
피난 키트를 챙겨두어도 좋겠지만, 값비싼 돈이 드는 준비
까지는 필요 없다고 생각한다.

추억이 깃든
물건도 현명하게
정리하는 기술

요즘 젊은 사람들은 결혼식을 하면서 스튜디오 웨딩 사진을 잘 찍지 않는다고 한다. 예전에 찍어둔 어색하기 짝이 없는 결혼 앨범을 들춰보면서 키득대는 즐거움도 없지 않은데, 허식보다는 실리를 더 중시하는 세대라 그런 모양이다.

살다보면 이런 저런 이유로 가족들의 추억을 담은 앨범들이 늘어나게 된다. 요즘은 필름 카메라로 사진을 찍거나 인화를 하는 일이 드물지만, 우리 세대나 부모 세대만 해도 사진을 인화해서 앨범에 정리하는 경우가 많았다.

이렇듯 추억이 담긴 앨범을 하나하나 챙겨놓다 보면, 그 양이 만만치 않다. 나에게는 추억이 담긴 물건이지만, 다른 이들에게는 짐만 될 것이다. 사람마다 다르겠지만 책이나 일기장, 가계부 같은 추억과 일상이 담겨 있는 물품들도 버리기 힘들어 집안 한 자리를 차지하게 된다.

이런 물품들을 정리하는 일은 감정과 강력히 결합되어 있기 때문에 더 힘들다. 하지만 심플한 일상을 사는 데 매우 중요한 영역이다. 필자의 경우 앨범은 아주 깊은 추억이 깃들어 있고 마음에 꼭 드는 사진만 골라 바인더 한 권으로 축약했다. 시중에는 인화된 사진을 디지털로 전환해주는 서비스도 많이 나와 있으니, 이용해볼 만하다.

책의 경우는 따로 한 챕터를 할애해야 할 만큼, 중요한 일상의 물건 중 하나다.

필자처럼 직업 상 책을 늘 들여다봐야 하는 경우라면, 서재나 작업실에 보관하면 된다. 필요할 때마다 꺼내볼 수 있다는 장점이 있다. 하지만 막상 작업을 하다보면 이렇게 자주 꺼내보는 책은 전체의 채 10%도 안 된다.

아쉽겠지만 다시 읽을 일이 없거나 언제라도 시중에서

구할 수 있는 책은 미련 없이 처분하자. 머릿속에 꼭 남겨두어야 하는 문장이나 구절은 별도로 노트나 컴퓨터 문서에 정리해둔다. 이렇게 책장을 비운 다음 다시 새로운 책들을 흘러들어오게 해서, 공간 속의 지식을 순환시켜준다. 도서관이나 서점을 가까이 해서 지식의 흐름으로부터 뒤처지지 않는 것도 중요하다.

왜 물건을
뺄셈하는 삶이
그토록 유익할까?

사실 필자 역시 '어떤 집에서 살 것인가?'에 대해서 진지하게 고민하기 시작한 것은 50이 지나고 나서부터였다. 고백하자면 그 전까지는 바쁘게 사느라 고민할 시간도 없었을 뿐더러, 그저 남들처럼 마냥 크고 좋은 집을 동경하기도 했다. 집에서 보내는 시간도 거의 없다 보니, 집이라는 공간이 얼마나 중요한지에 대해 실감하지도 못했다.

50이 되면서 비로소 '앞으로 나는 어떻게 살고 싶은가?'에 따라 내가 사는 공간의 특징도 달라져야 한다는 자각을 하게 됐다.

특히 가정 방문 복지사로 전업하면서 노인들을 많이 만나게 되고 다양한 라이프스타일을 접할 기회가 늘어 그런 자각이 더 커졌는지도 모른다. '가족이나 누군가에게 의지하지 않으면서 최대한 나이 들어서까지 독립적이고 자유로운 생활을 해가면 좋겠다'고 생각한 것도 이 즈음부터였다. 흔히 하는 말로 '내 몸을 잘 건사하면서' 혼자 힘으로도 잘 살 수 있는 편리한 주거 환경을 만들고 싶었다.

흔히 나이가 들면 교외로 나가 크고 번듯한 전원주택을 짓고 자녀와 손자들과 화목하게 사는 그림을 그린다. 하지만 내 경우는 지하철역과 가까운 번화가 쪽으로 주거지를 정했다. 슈퍼마켓, 병원, 은행, 관청, 레스토랑 같은 생활에 필요한 시설이 밀집해 있어, 운전을 하지 못하게 되거나 신체 기능이 떨어져도 자립적으로 생활해나갈 수 있어야 한다.

역세권이라 선택의 폭이 좁아지기도 했지만, 또 하나의 주거 기준은 '작고 편리한 구조'였다. 자녀들이 저마다 독립하고 나면 남는 방은 처치곤란이다. 잘 오지도 않는 자녀나 손님방을 만들어두고 정작 거기 사는 나는 사용하지도 않는 공간을 청소하느라 힘만 든다. 지인 중에는 전원주택을 지어 2층까지 여러 개의 방을 만들었지만, 오르내리며 청소하느라 무릎이 아플 지경이라고 하소연하는 이도 있다. 작은 체구의 달팽이가 크나큰 등껍데기를 짊어지고 낑낑대며 살아가는 모습 같아 안쓰럽다.

부부 혹은 독신으로 사는 세대라면 주방을 포함한 거실과 침실 정도면 충분하다고 생각한다. 넓은 집에 살다가 좁아지면 답답한 느낌이 들겠지만, 동선이 짧아져 효율적으로 생활할 수 있다. 소유하는 물건을 줄이면 더 작은 공간에서도 알차게 생활할 수 있다. 관리비 등 유지비용도 현저히 줄어들고, 청소하고 정리하는 데 드는 노력도 줄일 수 있다.

물론 앞서 말했듯이, 앞으로 어떻게 살고자 하는가가 공간을 계획하는 바탕이 되어야 한다. 연구하고 공부하는 생활을 원한다면, 침실 외에 서재나 공부방 용도의 방이 하나 더 있으면 좋을 것이다. 단, 생활하는 당사자를 제외한 다른 누군가를 염두에 두고 공간을 설계할 필요는 없다. 공간은 어디까지나 그곳에 사는 구성원들이 가장 편하고 만족스럽게 살기 위한 곳이어야 한다.

내 공간에
생활의 찌든 냄새가
나지 않게 하려면

요즘 새로이 나오는 집들은 거실과 주방이 연결된 오픈 타입이 대다수다. 그런데 필자는 거실과 주방 사이에 칸막이를 설치해서 공간을 분리했다. 집에 들어왔을 때, 어딘가 모르게 생활에 찌든 공간으로 느껴지는 게 싫었다. 집이라는 공간이 아등바등 생존하는 공간, 먹고 사는 데에만 집중된 곳이 되기를 바라지 않는다.

주방은 아무리 정리를 한다 해도 생활의 느낌이 역력히 드러나는 공간이기 쉽다. 별도의 공간으로 분리되어 있다면 좋겠지만, 그렇지 않더라도 파티션 등으로 구분해두면 좋겠다. 실제 나이를 먹으면 주방을 점점 더 사용하지 않게 된다. 장을 보고 요리를 하는 일이 힘겨워지기도 하지만, 테이크 아웃이나 간편 조리식 같은 것이 잘 갖춰지는 추세이기 때문에 그런 서비스를 적극 활용해도 무방하다.

공간을 구성할 때에는 용도에 충실하게 꾸미는 것을 권하고 싶다. 동선이 편리한 것과 활동의 영역이 뒤죽박죽 혼재되어 있는 것은 구분해야 한다. 먹는 곳인지 자는 곳인지 배설하는 곳인지 목적을 모르게 뒤엉켜 있다면, 일상도 질서 없이 혼란스러워진다. 나이가 먹을수록 주변이 정돈되지 않고 지저분해지는 경우를 보는데, 대개 이런 구분 없이 공간을 사용하기 때문이다.

거실은 편안하게 책을 보거나 TV를 시청하거나 가족이 모여 친교를 나눌 수 있는 공간이 되어야 하고, 침실은 아무 방해 없이 숙면할 수 있는 공간이 되어야 한다. 화장실을 겸한 욕실 역시 세제나 화장품 전시장이 아니라, 하루의 시작이나 마무리를 깔끔하게 하면서, 머릿속을 비울 수 있는 곳이면 충분하다.

안전하면서도
아름다운
심플한 공간을 만드는 법

———————————————— 어느 정도 나이가 들면 안전
을 위해서라도 바닥을 최대한 장애물이 없는 배리어 프리
barrier free 상태로 만드는 것이 좋다. 요즘 새로 짓는 집들
은 문턱이나 심지어 문도 없이 만드는 경우가 있어 이런 점
은 크게 문제되지 않을 것이다.

그런데 그것 말고도 실제 요양원 등지에서는 바닥에 깔
아놓은 깔개나 바닥에 놓인 물건에 발이 걸려 넘어져서 골
절상을 입거나 발가락 끝을 부딪쳐 부상을 입는 경우가 비
일비재하다. 균형을 잃고 비틀거리다가 서랍장 모서리 같은

곳에 머리를 찧는 일도 많다.

집안에도 별 생각 없이 미관상의 이유로 현관 매트, 화장실 매트, 양탄자 등을 깔게 되고, 식탁이나 앉은뱅이 탁자 등 온갖 종류의 가구들을 비치하면서, 배리어 프리의 취지가 무색해진다. 그래서 나이가 들면 가능한 한 바닥에 골고루 난방이 들어오게 하고 촉감이 좋고 미끄럽지 않은 바닥재를 써서, 아무 것도 깔지 않고 생활할 수 있다면 좋겠다.

필자는 집안 바닥에 가구 이외의 물건은 두지 않는다. 잡지꽂이나 장식물은 물론, 전기 코드도 두지 않는다. 이렇게 하면 위험을 방지할 수 있을 뿐 아니라, 청소하기도 편하다. 카펫은 아무리 열심히 청소한다 해도 먼지나 진드기 등을 완벽히 제거하기 힘들다. 아무 물건도 두지 않고 바닥만 노출되는 편이 여러모로 훨씬 청결하고 위생적이다.

필자는 '모서리가 없는 방 만들기 원칙'도 세웠는데, 몇 가지 방법을 적용하면 그리 어렵지 않다.

첫째, 가구는 모서리가 둥근 것을 고른다. 다리도 둥근 것을 선택한다. 그러면 혹여나 부딪히더라도 다칠 염려가 없다.

둘째, 모든 공간에는 장식용 선반, 서랍장, 책장 등 수납을 위한 가구를 두지 않는다.

책은 작업실을 겸해 사용하는 거실 붙박이 벽장에 꽂아두었고, 옷은 모두 침실과 연결된 드레스 룸 행거에 걸어 보관한다. 속옷 같은 소품들은 투명비닐이나 위가 오픈된 종이상자에 넣어 행거 아래쪽에 넣어두었다.

나머지 공간이라고 해봐야 거실인데, 이곳에 놓인 가구는 주방 식탁과 의자, 거실에 놓인 업무용 책상과 의자, 작은 소파와 소파용 테이블 정도가 고작이다. 소파용 테이블도 평소에는 접어서 벽장 안에 넣었다가 필요할 때만 펴서 사용한다. 물건이 거의 없다시피 해서, 간혹 집에 손님이 와서는 '이사 가세요?' 하고 물을 정도다.

50부터는
물건을 고를 때
모양을 보면 안 된다

　　　　　　　　　　　　　　　 모서리를 없애고 본연의 기능
에 충실하면서도 생활하기 편리한 공간을 구성하는 것에 대
해 말하자면, 그에 적합한 가구 얘기를 빼놓을 수 없다. 튼튼
하면서도 기본적인 기능에 충실한 것이 선택의 최우선 기준
이다. 장식이 많고 화려한 가구는 다른 것과 어울리게 배치
하기도 힘들지만, 무엇보다 유행을 타고 싫증도 금방 난다.
먼지도 쌓이기 쉬워 효율적이지 못하다.

　50이 넘으면서 새로 가구들을 바꾸면서, 또 하나의 기준
으로 삼은 것이 하나 더 있는데 바로 '혼자서도 쉽게 옮길 수

있어야 한다'는 것이다. 필요에 따라 방의 기능을 바꿔야 하거나, 혼자서도 쉽게 청소하려면 견고하고 실용적이면서도 가벼운 제품이어야 한다.

꽤나 맞추기 어려운 요건이다. 이런 요건을 세우고 나서 생긴 또 하나의 이점은 아무 가구나 덜컥 사지 않게 되었다는 점이다. 하나를 고르더라도 까다로운 기준에 따라 선별하게 되니, 무분별한 구매 충동을 누를 수 있다.

침대는 아직도 골칫덩이다. 하루 중 많은 시간을 보내는 가구다보니 가볍고 심플하게 생겼다고 해서 다 합격점을 줄 순 없다. 좋은 매트리스일수록 무거운 경우가 많다. 프레임 역시 나무로 만든 것은 대체로 무겁다. 혼자서 움직이려 해서는 꿈쩍도 하지 않는다. 나무 프레임은 결국 포기하고 어찌어찌 혼자 힘으로 움직일 수 있는 걸 고르긴 했지만, 매트리스를 한 번 일광욕 시키려면 역시 혼자 힘으론 힘들다. 여전히 가벼우면서도 마음에 쏙 드는 침대가 있는지 기회만 되면 탐색 중이다. 기술력이 점점 좋아져 꼭 맞는 제품이 나와 주기를 바란다.

또 하나 공들여 고른 가구는 소파다. 시간이 흘러도 싫증

나지 않아야 하고, 두세 사람이 편안하게 앉을 수 있어야 하고, 소재가 좋아야 하고, 오래 앉아도 변형되지 않고 먼지나 오염에 취약하지 않아야 하고…. 게다가 혼자서 옮길 수 있을 정도로 가벼워야 했다. 거실 어느 곳에 놓아도 무방한 디자인까지 고려하다보니, 결국 특별 주문을 해서 만들어야 했다.

업무용 책상도 가벼운 제품으로 선택했고, 텔레비전은 17인치여서 나 혼자 힘으로 가뿐히 들어 올릴 수 있다. 벽장 안에 있는 수납 선반은 메탈로 되어 있어서 손쉽게 해체하고 조립할 수 있다.

냉장고를 제외한 대부분의 집안 물건 모두를 혼자서도 자유롭게 옮길 수 있다. 사실 모든 가구를 혼자 힘으로 옮길 수 있는 제품으로 마련하기는 어렵다. 가족이 많다면 아직은 이렇게 공간을 변신시키는 게 시기상조일 수도 있다. 하지만 50 이후부터는 장기적으로 집안 물건을 바꿔나가는 과정에서, 그에 걸맞은 기준을 두고 해나갈 필요가 있다.

CHANGE
MY LIFE

2장

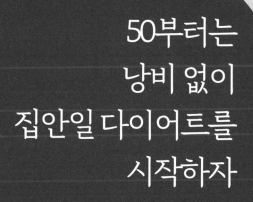

50부터는
낭비 없이
집안일 다이어트를
시작하자

5
— CHANGE —
MY LIFE
0

나이 들수록 '집 나가면 고생'이라는 말의 의미를 실감한
다. 안락하고 편안하며 생활과 활동이 모두 용이한 좋은
집안 환경을 만드는 것이 점점 더 중요해진다. 소유를 단
순화해서 심플한 공간을 만들었다면, 이제 그곳에서 생활
을 영위하는 데 드는 품과 노력을 최소화하면서도 풍요롭
고 편리하게 살아갈 수 있도록 현명한 생활 전략을 짜보
자. 집안일에도 '뺄셈의 미학'이 필요하다.

집안일은
최소 생존 기술이면
충분하다

당신이 남성이라면 '집안일'이라는 대목을 접하곤, '왠지 내 얘기는 아닌 것 같다'라는 기분이 들지 모른다. 또 한편 '집안일을 줄이자'라고 하면 가족을 위해 여러모로 애써온 전업주부의 입장에서는 자신의 노고가 깡그리 무시되는 느낌이 들어, 자괴감이 든다고 할지 모른다.

그러나 굳이 가사 분담이라는 고루한 개념을 꺼내 쓰지 않더라도, '집안일'이라는 것은 누구나 좋든 싫든 생존을 위해 어느 정도 해내야 하는 최소 생존 기술에 가깝다.

누구라도 살아가기 위해서 먹고 입고 자야 한다. 앞으로
의 시대는 이것을 완전히 제3자에게 의존해서는 인간답게
살기 힘들다. 자기 취향에 따라 스스로의 일상을 관리할 수
있어야, 비로소 하나의 독립적인 인간이라고 할 수 있다.

가족, 특히 자녀를 양육하면서 대다수 가정의 주부들은
어느 정도 집안일의 달인이 되어간다. 전업주부든 맞벌이를
하든, 나름대로 시간을 절약하면서도 체계적이고 효율적으
로 집안일을 해나갈 수 있는 요령이 생긴다. 요즘은 남성이
라고 해도 예외는 아니다. 육아나 집안일을 전담하는 전업
주부 남편도 늘어나는 추세다.

그런데 이 집안일이라는 것이 완벽하게 해내고자 하면
할수록 한없이 늘어나는 특성을 지녔다. 집안을 반짝반짝
윤기 나게 가꾸고 계절이나 절기에 따라 인테리어를 바꾸거
나 장식품을 새로 사서 꾸민다. 여러 벌의 디너 식기세트를
마련해두고 많은 음식을 해서 손님을 초대하거나 맛있는 요
리를 해서 주변에 나눠주고, 여러 개의 욕실과 침실, 손님방
등도 완벽하게 청소하고 관리한다.

그렇게 하는 것에 큰 의미를 느끼고 심지어 재능도 있어

전문가 수준이 되어 다른 사람들에게 노하우를 전수하는 이들도 많다. 유튜브나 SNS를 보면, 전공자가 아니어도 자신만의 전문성으로 각광을 받는 이들을 많이 만난다.

그런데 우리 대부분은 그런 모습과는 거리가 멀다. 게다가 50이 넘으면서 체력이나 열정도 점점 줄어든다. '내 몸 하나 건사하기도 힘들다'는 푸념이 나온다. 시간이라는 자원이 점점 더 귀중해지는 시기에 언제까지고 반복적인 집안일에 최선의 노력을 기울이기도 어렵다. 젊을 때처럼 노력한 만큼 결과가 나오지도 않는다. '나는 왜 이렇게 살림솜씨가 없을까?' 남들과 비교하며 자학하기에는 남은 인생이 너무 아깝다.

심플하면서도 아름다운 삶을 살기 위해 집안일의 비중은 최소로 줄이자. 공간이 심플해지면 그만큼 집안일의 크기도 작아지고 부담도 덜어진다. 예쁘고 크고 화려한 공간이 부럽다면 내 집을 꾸미기 위해 안간힘 쓰기보다, 잘 꾸며놓은 전시장이나 공연장에 가서 만족 체험을 하는 편이 더 현명하다. 욕심껏 채워도 어차피 아무것도 영원히 소유할 수 없다는 것쯤은 이제 깨달을 나이다.

50부터
물건 사는 법은
이렇게 다르다

—————————— 매일 반복적으로 해야 하는 집안일은 한편으로 재밌기도 하지만 대체로 귀찮고 하기 싫다. 게다가 얼마나 효율적으로 하느냐에 따라 시간과 체력 소모가 현저히 달라진다.

공장을 가동할 때에도 부품 재고를 줄이고 공정을 최적화해서 최소의 인원으로 최선의 결과를 내는 '전략적 경영'이 중요하다. 집안일도 다르지 않다. 일종의 전략이 필요하다. 낭비를 줄이고 효율적으로 일을 마무리할 수 있는 나만의 '공정'을 만들 필요가 있다.

집안일의 부품인 온갖 물품들을 최대한 효율적으로 사용하는 것이 그 출발이다. 쓸모없는 부품 재고가 많다는 것은 그만큼 가용 가능한 자원이 낭비되고 있다는 뜻이다. 게다가 식재료 같은 재고는 시간이 흐르면 사용가치가 제로가 되는 자원이다. 아니, 힘들여 버려야 하니 오히려 마이너스가 된다.

아이를 키울 때에는 워낙 많이 소비되기도 하고 여러모로 시간도 부족해서, 주말이면 대형마트에 가서 대용량 물품을 잔뜩 사오곤 했다. 이렇게 잔뜩 사다놓으면 왠지 체계적으로 잘 준비해두었다는 느낌이 들어 뿌듯해진다. 한 번 장을 보는데 수십만 원은 너끈히 쓴다. 그런데도 다음 주가 되면 또 부족한 것투성이다. 수입이 점점 적어지는 노후를 생각하면, 언제까지고 이런 뭉텅이 소비를 지속할 순 없는 노릇이다.

50이 되어 주거 공간을 작게 유지하기로 결심하면서, 자연스레 대용량 제품을 구매하던 패턴은 바뀔 수밖에 없었다. 다용도실이나 식재료 팬트리 같은 것이 없다보니, 많이 사면 싸게 준다고 유혹하는 제품들을 사다가 쌓아둘 데가 없다. 그래서 자연스레 낱개로 사고, 소포장으로 사고, 이미 산 것을 다 쓰고 나서야 새 물품을 산다.

기본적으로 현대는 기술 발전이 가속화되는 디플레이션 (물가가 점점 떨어짐) 사회이다 보니, 점점 더 싸고 좋은 물건들이 나오게 마련이다. 잔뜩 사두었다가 별로 마음에 들지 않아 다 쓰지 않게 되는 물품들의 종류는 세정용품부터 청소도구까지 수없이 많다. 소비 패턴을 바꾸고 나니, 생활비 지출이 현저히 줄었다. 쓰지도 않으면서 쌓아두는 물품들이 줄어드니까, 어깨 한 곳을 짓누르던 묵은 체증이 내려가는 쾌감마저 든다.

쇼핑하는 데 드는 시간도 줄어든다. 어차피 사지 않을 코너에는 아예 들를 필요도 없다. 요리에 한창 열을 올릴 때에는 특이한 향신료 같은 것이 있으면 보이는 대로 수집하기도 했다. 잘 해먹지도 않는 이탈리아나 프랑스 요리에 쓰는 값비싼 재료들이나 고가의 식기나 커트러리도 이제는 쳐다보지 않는다. 그럴 비용이면 훌륭한 레스토랑에 가서 대접받는 편이 훨씬 만족스럽다는 것을 알게 되었기 때문이다.

식재료를 절약하고
요리 고민 줄여주는
비결은?

요즘은 반찬을 사먹을 수 있는 곳이 정말 많다. 동네 슈퍼마켓이나 편의점에서도 간편식이나 조리가 된 국과 반찬을 판매한다. 테이크아웃이나 배달이 가능한 식당이나 도시락 전문점도 부지기수다.

그렇지만 스스로 음식을 만들어 먹는 즐거움 역시 만만치 않다. 비용과 노력을 따진다면 어느 쪽이 더 낫다고 단정할 수 없지만, 직접 고른 좋은 재료로 만든 가정식만 한 건 어디에도 없다. 게다가 요리 순서를 생각하고 손끝을 움직이는 것만으로 뇌를 자극해서 노화 방지에도 도움이 된다고 하니, 나이가 들어서도 어느 정도 요리에 취미를 붙이는 것은 충분히 바람직한 일이다.

3장에서 더 자세히 설명하겠지만 50이 넘으면서는 '어떻게 배를 채울 것인가?'보다는 '무엇을 잘 먹을 것인가?'에 초점을 두고 식생활을 설계해야 한다. 심혈관 계통 질환이나 대사증후군 같은 성인병이 생기기 쉬운 나이이기 때문에, 먹고 싶은 대로 충동적으로 먹는 것은 도움이 되지 않는다. 그런데 실제로는 나이가 들고 나서 오히려 아무거나 남는 반찬으로 대충 끼니를 때우기 십상이다.

매일 매일 식단을 신경 쓰며 많은 노력을 기울이는 것도 부담스럽고 아무거나 대충 막 먹는 것도 위험하다면, 좀 더 영리하게 식단 전략을 세울 필요가 있다. 매일 충동적으로 그날 먹을 걸 결정하고 식재료를 사게 되면, 정작 필요한 재료를 깜빡 잊고 사지 못하거나 냉장고에 이미 충분한데도 또 사게 되는 실수도 나온다. 필자가 추천하고 싶은 방법은 '1개월 식단'을 계획하는 것이다. 비유하자면 영양사처럼 식단 계획을 짜는 것이다.

장아찌나 김치 같은 기본 반찬을 제외하고 국(찌개), 채소, 육류(생선), 이렇게 3종류의 식단을 구성한다. 염분과 탄수화물을 줄이고 단백질 섭취량을 높이는 식단을 구성한다. 의사의 처방이나 권고가 있다면 반영한다. 이렇게 구성한 1개월 식단을 매월 반복하되, 계절별 재료만 약간씩 변형하면 된다. 1개월씩 짜기가 너무 힘들다면 우선 1주 단위부터 시작해보는 것도 방법이다.

이 식단을 바탕으로 재료를 구입하면 된다. '1개월 식단이라니 어딘가 엄격한 규율에 얽매여 반복적이고 지루한 메뉴가 될 것 같다'고 생각할지 모른다. 하지만 실제로 해보면 그때그때 내키는 대로 해먹는 쪽보다 훨씬 효율적이고 실제로는 더 다양한 음식을 건강하게 섭취할 수 있다.

50이라면
대충 때우지 말고
셰프의 요리처럼 먹자

집안일을 효율적으로 한다고 하니, 어떤 이들은 청소도 대충 하고 먹는 것도 신경 쓰지 않고 아무거나 섭취한다는 의미로 받아들일지 모르겠다. 하지만 심플하면서도 소박하고 아름답게 생활하는 것은 '건강하고 위생적으로' 사는 바탕 위에서 가능하다. 또 하나 중요한 원칙은 남을 위해서가 아니라 '나 자신을 위해서' 산다는 근본 철학이다.

나이가 들면서 특별히 외식을 하거나 친구들과의 약속이 있지 않으면 대충 끼니를 때우는 경우가 많다. 남자건 여자건 마찬가지다. 직장인들은 자극적이고 칼로리가 편중된 외식만 하거나 어쩌다 집에서 쉴 때도 인스턴트 음식 등으로 슬쩍 끼니를 넘기기 일쑤다. 전업주부들도 물에 밥을 말아서 남은 반찬으로 대충 먹거나 심지어 과자나 빵 같은 것으로 때우고 만다. 집에 있는 시간이 많아지면, 이런 추세는 더 심해진다. 그러다보니 탄수화물을 통한 당질의 섭취는 많아도 단백질이나 채소 섭취량은 현저히 떨어진다. 과일 섭취도 부족해져 전반적인 영양소 불균형으로 이어진다. 곧바로 심혈관 질환이나 성인병으로 이어지고, 이는 중년 이후의 '삶의 질'을 위협한다.

나이가 먹으면 밥 대신 약을 한 줌씩 먹는 게 무슨 자랑이나 되는 것처럼 말하는 이들도 있다. 그런데 이는 자신을 학대하는 것이나 다름없다. 아침이면 얼굴과 손발이 붓고 몸 여기저기가 이유 없이 아프고 온몸이 무기력해 손가락 하나 까딱 하기 싫어지는 등 중년 이후 나타나는 몸의 이상 증세는 대개 잘못된 식습관에 기인한다.

'나는 물만 먹어도 살이 찐다!'고 말하는 이들의 식생활을 자세히 들여다보면 단백질이나 비타민 등 무기질 섭취량이 부족하다는 걸 알 수 있다. 나이가 들수록 단백질 섭취량이 부족하면 쉽게 피곤해지고 두통, 빈혈, 부종이 생기기 쉬워진다. 가뜩이나 노화에 따라 몸의 근육이 쪼그라드는데, 단백질 섭취가 부족하고 근력 운동까지 줄어들면 기초대사 능력이 떨어지게 된다. 그 결과 쉽게 살이 찌는 체질로 바뀌는 것이다. 모발도 탄력이 없어지고 얇아져서 쉽게 빠진다.

나이 들어서도 아름답고 건강하고 싶다면, 단백질이 풍부하게 포함된 계획된 식사를 해야 한다. 한 접시로 간단하게 먹더라도 고기, 채소, 껍질이 포함된 건강한 곡류 등을 골고루 섞어서 먹자. 셰프가 차려준 밥처럼 예쁘고 영양가 넘치는 밥을 스스로에게 대접하자. 골고루 먹어야 한다는 것은 모범답안 같은 고리타분한 얘기겠지만, 백만 번 강조해도 지나치지 않다.

50 이후,
식재료를 살 땐
어떻게 해야 할까?

필자는 대체로 주 1회, 토요일 오전에 식재료를 한꺼번에 구입해둔다.

집안 소모품 등 공산품은 떨어지면 메모해두었다가 볼일 보고 돌아오는 길에 역 근처 슈퍼마켓에서 사온다. 하지만 신선 식재료, 즉 채소나 고기, 생선 같은 것은 일부러 집에서 좀 멀리 있는 곳까지 가서 구매한다. 이사할 때부터 식재료를 어디서 사면 좋을지 탐색을 해두었던데다, 몇 번 다른 곳에서 샀다가 낭패를 보았던 경험이 있기 때문에 이제는 거의 한 곳만 정해두고 가는 편이다.

걸어서 20분 정도 걸리는데다 가격도 다른 곳에 비해 1.5배 정도 비싸지만, 그 가게 물건은 믿고 살 수 있다. 맛도 좋을 뿐 아니라 신선도도 월등히 높아서 오래 간다. 게다가 나는 정해진 식단에 맞춰 소량씩만 사기 때문에, 다른 곳에서 사는 것에 비해 크게 비싸다고 볼 수 없다.

필자는 장을 볼 때 흔히 말하는 초특가 대용량 상품이나 1+1 상품, 유통기한이 얼마 남지 않아 싸게 파는 물건은 사지 않는다. 필요한 양이 얼마인지 미리 계획해서 심지어 피망 하나, 당근 하나 하는 식으로 감질나게 쇼핑한다. 신선 식재료는 말 그대로 신선한 것이 생명이다. 사오는 순간부터 식재료의 수명은 줄어들기 시작한다. 그러니 싸다고 많이 살 필요가 없다. 이렇게 소량으로 구매하면 낭비도 적을뿐더러 질 좋은 영양분을 섭취할 수 있어 이득이다.

그런 다음 집에 돌아오자마자 장 본 것을 정리하는 동시에 바로 손질해둔다. 시금치 같은 나물 채소는 씻어서 한 접시 분량인 70~80그램 가량씩 나눠서 비닐봉지에 담아둔다. 가족 수와 관계없이 무조건 1인분 기준으로 나눈다. 가족 중에 누군가 밖에서 먹고 온다든지 하는 이유로 식사를 할 인원이 줄어도 그때그때 대처해서 사용할 수 있다.

고기나 생선도 1인분씩 나눈다. 소분한 고기는 냉동실에 보관하고, 생선은 1인분씩 잘라 비닐에 밀봉해 보관하되 가급적 얼리지 않고 냉장실에 둔다. 냉동실에 보관한 고기나 생선 역시 1주일을 넘기지 않고 최대한 빨리 먹으려 노력한다.

시중에선 깨끗이 세척해서 급속 냉동한 생선이나 해산물을 대량으로 싸게 판매하지만, 그런 재료는 사지 않는다. 편리하긴 하지만 맛이 떨어지고 다 먹기도 전에 질려버려서 오랫동안 냉동실 신세를 지게 된다. 그러다보면 더 맛이 없어져 손이 가질 않게 된다. 만두나 핫도그, 돈가스 등 냉동 인스턴트 제품도 마찬가지 이유로 사지 않는다. 성분도 믿을 수 없을뿐더러 공장에서 찍어낸 듯한 맛이 거부감이 든다.

신선한 식재료로 최대 1주일을 넘지 않게 하면서, 최대한 재료 본연의 맛을 살려 조리하다보면 식사 준비에 대한 부담도 줄면서 영양 면에서도 균형 있는 식단을 유지할 수 있다.

다음과 같은 프로세스로 식재료 준비를 해보자. 남지 않고 알뜰하게, 신선하고 건강하게 식사 준비를 하는 비결이다.

첫째, 1개월 식단 혹은 1주 식단을 계획한다.

둘째, 장을 보기 전에 식단과 냉장고 식재료를 확인해 사야 할 것을 메모한다.

셋째, 포장된 채 사기보다 필요한 만큼 개수를 정해 구입한다. 다 먹지 못해 버리면 오히려 낭비다.

넷째, 값싼 물건에 현혹되지 않는다. 이는 계획에 없고 필요도 없는 물건을 사게 되는 원인이다.

다섯째, 냉장실 재료는 1주, 냉동실 재료는 1개월 안에 다 소진한다. 깨끗이 비운 다음 새로 산다는 원칙을 고수한다.

단골 가게를 정한 후
깐깐하고
요구 많은 손님이 되라

장보기를 잘할 수 있는 비결 중 하나는 단골 손님이 되는 것이다. 필자는 식품에 한해서는 다른 곳보다 1.5배 정도 비싼 가게에서만 구입한다. 자주 가다 보니 어느 새 매장 직원들과도 아는 사이가 되었다. 자주 가기도 하지만, 요구사항이 많은 깐깐한 고객이기 때문이다.

때로는 없는 물건을 구해달라고 부탁하기도 하고, 고기는 팩에 담긴 채로 사지 않고 두께나 부위, 양을 지정해서 잘라달라고 요구한다. 생선도 용도에 따라 색다르게 손질을 부탁하기도 하고 남들은 가져가지 않는 부위까지 챙겨달라고 한다. 그뿐인가. 과대포장을 싫어해서 신문지만으로 싸 달라고 특별 요청도 한다. 이제는 굳이 얘기를 꺼내지 않아도 알아서 그렇게 해준다.

미국 속담에 '최고가 가장 싸다Best is cheapest'는 말이 있다. 고급 제품은 가격은 비싸지만 품질이 좋아 오래 쓰기 때문에, 처음엔 비싼 것처럼 느껴지지만 결국은 더 경제적이다. 내 단골 가게 역시 그런 철학에 공감하기에, 좋은 물건을 조금 더 비싼 값에 판매한다는 원칙을 고수한다. 그런 만큼 나와 같은 단골 고객의 고집도 기꺼이 이해해준다.

예전처럼 먹을 것이 부족하거나 성장만을 부르짖던 팽창 사회가 아닌 만큼, 싼 것이라도 많이 사면 좋다는 생각은 더 이상 미덕이 아니다. 다행히도 1인 가구가 점점 늘어나면서 소량으로 양질의 식재료를 살 수 있는 곳이 많아졌다. 요리에 필요한 재료가 전부 손질되어 함께 들어 있는 소위 밀키트 제품도 다양하게 나온다. 어떤 것을 고르든 개인의 취향이겠지만, 좋은 재료를 소량씩 구매해서 완전히 소비하는 습관이 여러모로 현명하지 않을까 생각한다.

냉장고
뺄셈부터
시작해야 한다

———————————— 요리를 자주 하는 사람이라면 느끼겠지만, 뭐든 바로 요리해서 먹으면 맛있지만 냉장고에 한 번 들어가고 나면 맛이 떨어진다. '재료를 넉넉히 사두었으니 한 번에 많이 요리했다가 두고두고 먹어야지' 하고, 냉장고만 믿고 반찬을 많이 만들었다가 결국 버리는 일도 많다. 요즘은 많은 양을 요리해 냉장고에 채워두는 일도 없지만, 주1회 구매한 식재료마저도 가급적 냉장고에 오래 보관하지 않고 바로바로 사용하려고 노력한다. 너무 많은 재료를 냉장고에 넣어두면 그 자체로 불필요한 재고가 된다.

냉장실이나 냉동실에 재료들을 넣을 때에는 속이 들여다보이는 투명 비닐이나 지퍼백에 종류별로 담아 차곡차곡 쌓아서 보관한다. 그래도 혹여 이미 있는 재료를 또 살 수도 있기 때문에, 큰 수고를 들이지 않고 냉장고 속 재료를 파악할 수 있는 나만의 요령도 있다. 바로 마그넷을 이용한 방법이다. 해산물(생선, 조개 등), 고기(소고기, 돼지고기, 닭고기 등), 채소(오이, 당근 등) 모양 몇 가지면 충분하다. 냉장고에 있는 양만큼 마그넷을 붙여두었다가 사용하고 나면 마그넷을 옆으로 치워둔다. 장을 보기 전에 재료가 얼마나 남았는지 마그넷 개수만으로 파악할 수 있다.

　　한편 냉동실은 현대 가정의 필요악이 되지 않았나 생각해본다. 일본 교토 시는 1992년 이후 정기적으로 연소성 쓰레기 수량 변동을 조사해왔다고 한다. 해마다 식품 관련 쓰레기가 늘고 있는데, 그중에는 개봉도 하지 않은 채 버려지는 것도 많다고 한다. 냉동고에 들어갔다가 시간이 흐른 후 쓰레기장으로 직행하는 게 얼마나 많은지 아깝기 그지없다.
　　요즘 가정들은 냉동실을 너무 믿는다. 냉동실에 넣은 식품의 유통기한은 1개월 정도로 보아야 한다. 그 이상 보관해도 무방하다고 표시된 제품도 있지만, 시간이 지나면 풍미와 영양가가 현저히 떨어진다. 좋은 것을 바로 먹고 또 다시 신선한 것을 사다먹으면 되는데, 왜 냉동고에서 맛없는 상태로 변질시켜 먹어야 할까. 게다가 가정용 냉장고의 냉동실은 업무용과 달리 급속으로 얼지 않기 때문에, 세균이나 오염까지 함께 냉동되기 십상이다. 다시 꺼내서 해동하는 데 시간도 많이 걸리고 세균이 번식하기도 쉬워진다. 그러니 냉동실은 최소화하는 편이 좋다고 생각한다.

계획된 식단에 따라 일주일 단위로 장을 보고, 다음 장을 볼 때까지 재료들을 다 소진한다. 그날 만든 음식은 냉장고로 들어가지 않고 가급적 그날 다 먹는다. 금요일쯤 되어 냉장고가 텅 비어가면 기분이 그렇게 개운할 수가 없다.

다음에 냉장고를 바꾸게 된다면 지금의 반 정도 용량만으로도 충분할 것 같다. 다 쓰고 나서야 새로 사는 습관은 여러모로 경제적이다.

식사 준비
시간도
뺄셈해야 한다

──────────── 한 '요리 실태조사'에 의하면,
사람들은 집안일 중 요리에 하루 평균 80분을 할애한다고
한다. 특히 시간이 많이 걸리는 저녁식사의 경우 30분 이내
로 준비한다는 응답은 단 3%에 불과했다. 현재 요리에 들이
는 시간을 줄이고 싶으냐고 물었더니, 응답자의 75%가 그
렇다고 답했다.

전문적인 요리사도 아닌데 어떻게 30분 이내로 능숙하
게 식사 준비를 할 수 있을까. 필자도 예전에는 요리하는 데
꽤 많은 시간이 걸리곤 했다. 특히 뭘 만들지 생각하고 냉장

고에서 이런 저런 재료들을 찾는 데 많은 시간을 허비했다. 하지만 지금은 언제라도 뚝딱 원하는 요리를 만들 자신이 있다. 그 시간 단축 비결을 여기 소개하고자 한다.

첫째, 미리 만들어둔 식단표를 바탕으로, 머릿속에 어떤 요리를 만들지 메뉴를 입력시킨다. 가령 채소된장국, 시금치나물, 고등어조림 하는 식으로 말이다.

둘째, 3가지 음식에 들어갈 모든 식재료를 주방 조리대에 꺼내놓는다. 뭔가 빠진 것이 생겨 반복해 냉장고나 식품 선반을 뒤지는 수고를 줄일 수 있다. 미리 메뉴를 정해놓고 요리를 하는 습관을 들이면 재료를 빼놓지 않고 준비하는 일 역시 익숙해진다.

셋째, 하나의 메뉴마다 넓은 쟁반이나 접시를 마련하고 그것에 들어가는 재료들을 한꺼번에 손질해서 모아놓는다. 예를 들어 양파 하나를 자를 때 국에 들어갈 것, 나물 무침에 들어갈 것, 생선 조림에 들어갈 것을 해당 용도에 따른 모양대로 잘라 구분해서 나눠놓는다.

넷째, 각각의 요리에 들어갈 양념을 작은 접시나 볼에 분량대로 담아 준비한다.

다섯째, 모든 재료와 양념이 다 준비되었으면 가스레인

지를 풀로 가동해서 한꺼번에 조리한다. 음식을 익히는 사이에 틈틈이 요리에 사용한 도마, 냄비, 재료 그릇, 양념 그릇 등을 바로 바로 씻어서 정리해둔다.

밥은 한꺼번에 해두었다가, 1인분씩 나눠 담아 냉동실에 얼려둔다. 1주일 안에 다 먹을 수 있는 양이면 충분하다. 이렇게 얼려두었던 밥을 전자레인지에 돌려서 밥그릇에 옮겨 담는다.

요리를 자주 하다보면, '이 요리에는 이 양념' 하는 식으로 능숙하게 기억을 끄집어낼 수 있다. 하지만 기억력에도 한계가 있게 마련이다. 평소엔 능숙하게 만들던 것이 갑자기 생각나지 않기도 한다. 어머니나 할머니의 요리법을 전수 받아 정리해둔 것도 있을 수 있다. 필자는 휴대전화 메모장에 그런 레시피를 정리해두었다가 활용한다. 나만 알아보면 되기 때문에 간략하게 쓴다. 이렇게 자주 사용하는 메뉴는 많아도 20개를 넘지 않기 때문에 헷갈리지 않고 쉽게 찾을 수 있다. 자주 만들어서 익숙한 요리라고 해도 레시피를 만드는 편이 좋다. 요리를 정량화하고 체계화할 수 있기 때문이다.

이렇게 효율적이고 빠르게 요리를 하면 요리 후에 조리대나 개수대가 지저분해지는 걸 막을 수 있다. 식사 후에는 먹고 난 식기만 설거지 하면 끝이다.

집안일을
뺄셈하는
조그만 아이디어

집안일이라는 것은 대개 반복적이면서 열심히 해도 별로 티가 나지 않는데다, 기본적으로 들여야 하는 노력의 기초 단위가 존재한다. 쾌적하게 살려면 어느 정도 감수해야 하지만, 너무 혼신의 힘을 기울여 완벽하게 해내려 노력할 필요도 없다. 나도 예전에는 누가 점수를 매기기라도 하는 것처럼 최선을 다해 집안일을 하려고 애쓴 적도 있지만, 지금은 되는 대로 어느 정도 기본에만 충실하려고 한다.

대중 매체나 책자 등에 소개된 살림꾼들의 얘기를 보면

은근히 자괴감이 생기기도 한다. 그러나 절대 그럴 필요가 없다. 미디어가 조명하는 완벽한 누군가가 내 삶을 대신 살아주는 게 아니다. 주어진 한정된 시간 동안 집중하고 싶은 일에 더 몰두하며 살면 된다. 나머지는 기본만 하면 된다.

그런 이유로 필자는 소유하지 않는 미니멀리즘을 강조하는 와중에도, 반복적인 집안일의 수고로움을 덜어주는 도구들은 아끼지 않고 활용해야 한다고 생각한다. 삶기 기능과 건조 기능이 포함된 세탁기, 흡입력 등 성능이 좋고 오래가는 청소기, 전자레인지와 오븐 기능 등을 두루 해주는 오븐 레인지나 에어프라이어… 앞으로 가능해진다면 사람의 노력과 시간을 대신해줄 로봇 같은 신제품도 기꺼이 활용할 의사가 있다.

주방일도 마찬가지다. 칼질에 익숙하지 않은데 억지로 도마를 사용할 필요는 없다. 푸드 프로세서를 활용하면 채썰기, 편썰기, 다지기 등 다양한 형태로 재료를 손질할 수 있다. 도마는 손바닥만 한 작은 것 하나만 두고 간단히 채소 등을 손질할 때 사용하면 그만이다. 요리사처럼 이런 저런 용도의 칼들을 소장할 필요도 없다. 어지간한 것은 주방용

가위로 쓱쓱 자르면 그만이다.

압력솥이나 전기밥솥, 슬로우쿠커처럼 화력을 아껴주고 요리를 진행하는 동안 내 시간을 확보할 수 있는 제품도 적극 활용한다. 특히 압력솥의 경우 장시간 조리해야 하는 조림이나 카레, 찜 요리 등을 짧은 시간에 할 수 있게 해주기 때문에 활용도가 높다.

식기세척기 역시 권장할 만한 도구다. 요즘 새로 나오는 제품은 자리도 많이 차지하지 않는데다 수돗물로 직접 설거지를 할 때에 비해 물이나 세제 소비량이 적다.

집안일에 필요한 도구를 들이는 단 하나의 기준은 '내 시간을 절약해줄 수 있느냐'다. 남들도 사니까 덩달아 산다는 식으로 불필요한 허식을 부릴 필요는 없다. 단, 새로운 도구를 구입했다면 낡아서 쓸모가 없어지거나 기능이 대체된 물건은 처분한다. 물건의 숫자를 늘리지 않는다는 원칙은 지켜나간다.

자주 청소하지 않아도
집안이 깔끔한 건
다 이것 덕분

요즘 새로 짓는 집은 수납 공간에 신경을 많이 쓴다. 이사를 하려고 짐을 모두 꺼내보면, '이렇게나 많은 것을 소유하고 살았나?' 하고 깜짝 놀랄 지경이다. 그런데 그런 수납 공간도 모자라 우리는 자꾸만 새롭게 뭔가를 집어넣을 공간을 마련하느라 애쓴다. 이제부터는 의도적으로 줄이려고 노력하지 않으면 안 된다. 쓸데없는 짐을 이고 사는 일상이 될 뿐 아니라, 치우고 치워도 집안이 지저분하고 누추해 보이는 원인이 된다.

깔끔하게 사는 비결은 노출된 공간에 물건을 올려놓지

않는 것이다. 물건이 올라와 있지 않으면 먼지가 잘 쌓이지도 않고 청소기나 물걸레로 손쉽게 닦아낼 수 있다. 장식품이 되었든 책자나 물품이 되었든 책상, 탁자, 선반 위에는 아무것도 올려놓지 않는다.

주방도 마찬가지다. 사실 싱크대의 수납 공간은 너무 많다. 물건은 모두, 문을 열었을 때 바로 눈에 보이게 배치한다. 사각지대에까지 보관하지 말고, 프런트라인front-line 즉 앞쪽 한 줄로만 정리한다. 이것이 동선을 줄이는 비결이다.

대개 식기는 싱크대 위쪽, 조리도구는 아래쪽에 정리한다. 국자나 고무장갑, 랩 같은 도구는 서랍에 골판지 등으로 칸막이를 해서 뒤섞이지 않게 넣어둔다. 이렇게 물품을 정리했다면, 조리대 위에는 아무것도 올려놓지 않는다. 양념함은 종이 박스 등에 몰아 담아서 싱크대 안에 넣어두었다가, 요리할 때만 꺼낸다.

싱크대 프런트라인에만 물건을 둔다는 원칙하에 불필요한 물건들을 처분하면, 물품을 찾고 정리하느라 시간을 허비할 필요가 없다.

생활용품도 마찬가지다. 필기도구, 바느질도구, 공구, 면

봉이나 손톱깎이, 빗, 화장품 같은 물품들은 용도와 종류별로, 뚜껑이 없는 종이 박스에 담는다. 수납 도구를 살 필요는 없다. 택배 박스나 포장재 상자, 잘라낸 쇼핑백 아랫부분 등을 우리 집 수납 공간에 맞춰 활용하면 된다. 겉에 내용물을 표시한 다음 책장 등에 층층이 쌓아두면 찾고 정리하기 편리하다. 꺼내다 쓴 다음에는 제자리에 갖다놓는다.

'모든 물건은 제자리에 둔다'는 원칙만 지키면, 부지런히 청소에 매달리지 않아도 집안을 쾌적하게 유지할 수 있다.

여전히 필요한 것,
모아둘 것이 많은가?
저장 강박 떨쳐내기

나이가 들면 건강에 좋다는 이
유로 온갖 제철 재료로 장아찌를 담거나 설탕절임을 하거나
병조림을 만드는 등, 마치 다람쥐가 도토리를 모으듯이 온
갖 저장 음식을 준비하느라 많은 시간을 보내는 이들이 많
다. 여기에 대해 한마디 하고 넘어가고 싶다. 만든 것을 정작
얼마나 먹고 있느냐고.

장아찌는 재료가 썩지 않도록 염장해서 먹을 수밖에 없
는 환경 속에서 나온 아이디어이고, 건강에 좋은 재료라도
설탕 범벅을 해놓으면 결국 당 섭취를 높일 수밖에 없다. 몸

에 좋다는 온갖 엑기스나 달임물 역시 장기간 보관이 용이하게 하기 위해 다량의 당분이 들어가기 때문에 건강에 좋다고만 볼 수 없다.

건강 전문가들은 재료 본연의 섬유질 등을 제거하고 갈거나 액체화시킨 식품을 다량 섭취하면 당류가 바로 포도당으로 전환되어 성인병의 원인이 된다고 경고하기도 한다. 무엇보다 채취하거나 수집하고 손질하고 여러 종류의 용기를 구입해서 담아두는 데 들이는 시간과 노력이 만만치 않다.

색색의 유리병에 담긴 것들을 쭉 늘어놓으면, 뿌듯한 마음도 들 것이다. 그런데 이것 역시 다른 형태의 저장 강박일 수도 있다는 것을 염두에 둬야 한다. 몇 년 안에 다 먹을 수 있거나 건강상의 이유로 처방 받은 음식인데 제철이 아니면 여간해서 구할 수 없는 것이어서 불가피한 경우가 아니라면 말리고 싶다.

제철에 많이 사서 저장해두고 싶다는 욕망은 언젠가 결핍이 올지도 모른다는 심리적 나약함에서 나온다. 위기가 닥치면 생필품을 사재기 해두거나 배가 고플 때 쇼핑을 하면 필요도 없는 물건을 충동적으로 사게 되는 원리와 같다.

더군다나 요즘처럼 계절 구분 없이 다양한 전 세계 작물이 유통되는 시대에 굳이 힘들여 저장해둘 필요는 없다. 세월과 시간이 흘러 제철이 다시 돌아와 고마운 마음으로 그 계절의 음식을 먹는 인내심도 얼마간은 필요한 미덕이다. 저장 음식을 좋아하고 즐겨먹는다면 작은 용기에 먹을 만큼만 담고, 다 먹고 난 후에 또 담기를 권한다. 얼마간은 감질나게 먹어야 뭐든 더 맛있는 법이 아닌가.

50부터는
집안일을 적당히,
요령껏, 후다닥 해치우자

누구나 정말 하기 싫어하는 집안일이 한두 가지씩 있다. 설거지는 괜찮은데 청소는 정말 하기 싫다는 사람도 있고, 세탁기에서 축축한 빨랫감을 꺼내 너는 일만큼은 죽어도 싫다는 사람도 있다.

집안일은 '내일 해야지' 하고 생각하면 무언가 다른 볼일이 생겨 계속 뒤로 밀리는 특성이 지녔다. 그래서 어느 순간 정신을 차리고 보면 티끌이나 먼지가 집안에 희미하게 내려앉아 있거나 세탁물이나 설거지 거리가 산처럼 쌓여 있을 때도 있다.

'집안일은 그때그때 하되, 짧은 시간에 후다닥 한다!'

이것이 집안일을 귀찮게 여기는 심리적 장벽을 이기고 하기 싫다는 마음을 극복할 수 있는 비법이다. 장보기는 무슨 요일, 세탁은 무슨 요일, 청소 및 바닥 닦기는 무슨 요일 등 특정한 집안일을 하는 요일을 정해둔다.

그런데 이보다 더 추천하고 싶은 방법은 모든 집안일을 '하루에 몰아서' 하는 것이다.

필자의 친구는 모든 집안일, 즉 장보기, 청소, 세탁 등을 '수요일 저녁'에만 몰아서 한다. 평일 저녁이라니 의외였지만, 결국 좋은 아이디어인 것 같다. 주말이면 이런 저런 하고 싶은 일을 하느라 바쁘고, 평일 저녁이라 해도 주초와 후반에는 약속도 많다. 그러나 한 주의 가운데 날을 정해, 2시간 정도 몰아서 모든 일을 후딱 해치운다. 시간이 부족하기 때문에 오히려 효율적으로 움직일 수 있다.

하루 날 잡아 무언가를 한다는 것이 왠지 부담스러울 것 같지만, 사실 자유로운 시간을 최대한 많이 만들 수 있는 방법이다.

필자 역시 장보기와 마찬가지로 '청소는 토요일에 한다!'고 정해두었다. 부피가 큰 세탁물은 15일과 30일 아침에 세탁하는 걸로 못박아두었다. 날씨가 좋으면 밖에 널어 말리지만 비가 온다 해도 건조기를 이용하는 등 그날 일기와 무관하게 정해진 날에 반드시 처리한다.

물론 일주일에 한 번 집안일을 한다고 집을 쾌적하게 유지할 수 있는 것은 아니다. 눈에 띄는 곳의 먼지만 진공청소기로 훔쳐낼 수도 있고, 여행이나 운동을 하고 나서 세탁물이 갑자기 쌓여서 세탁기를 돌려야 할 수도 있다.

그럴 때에는 작정하고 집안일을 한다는 기분 대신, 무언가 볼일을 보는 틈새에 잠시 한다는 식으로 스스로를 속이면 좋다. 예를 들어 콩나물을 다듬거나 멸치를 손질해두거나 마늘을 까거나 하는 일은 TV를 보면서도 얼마든지 할 수 있다. 이어폰으로 신나는 댄스 음악을 들으면서 춤추듯 청소기를 돌릴 수도 있다. 이렇듯 하기 싫은 일을 좋아하는 일 사이에 슬쩍 끼워 넣으면, 기분 상하지 않고 허드렛일을 할 수 있다.

3장

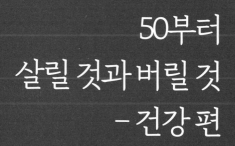

50부터
살릴 것과 버릴 것
- 건강 편

5
_ CHANGE _
MY LIFE
0

50은 본격적인 몸의 배신이 시작되는 나이다. 생각대로 몸이 따라와 주지 않고, 심한 경우 몸에 몰아닥친 급격한 변화로 인해 힘겨운 일상이 이어지기도 한다. 아무리 좋은 기계라 해도 100년 쓸 수 있는 것은 드물다. 그런데 인간은 놀랍게도 이 몸을 100년 가까이 사용한다. 이 시기 몸의 배신은 날 좀 돌봐달라는 아우성이자 앞으로도 같이 잘 지내려면 좀 잘하라는 씁쓸한 충고다.

50에 받아든
비참한 건강검진표는
내 삶의 기록이었으니

───────────────── 52세 되던 해에 건강보험에서
실시하는 무료 건강 검진을 받았다.

그런데 그 결과가 너무도 충격적이었다. 혈액 검사에서
무려 4개나 이상 수치가 나왔던 것이다. 콜레스테롤, 중성지
방, LDL(혈액 중 지방, 악성 콜레스테롤), γ-GTP(감마GTP) 수
치가 모두 정상보다 훨씬 높았다. 필자는 심각한 고지혈증
상태였던 것이다.

결과를 받아 들고 눈앞이 깜깜해졌다. 영양학 전문가로
서 건강 관리에 누구보다 자신이 있었고, 무엇보다 고지혈

증을 일으킬 만한 원인을 찾을 수 없었다. 체중이 많이 나가지도, 혈압이 높지도 않았다. 당뇨병도 없고 균형 잡힌 식생활에 운동도 했다. 검사 결과에 의문을 느끼고 다른 순환기 전문병원에서 다시 한 번 검사를 받았다. 하지만 이번에도 결과는 마찬가지였다.

의사는 '유전적 요인이 크다'면서 약 복용을 권했다. 하지만 나는 약은 일절 먹지 않고, 다양한 전문 자료들을 바탕으로 식생활을 더 개선하고 운동 프로그램을 재점검하는 등 생활 습관을 바꿔나가기로 결심했다. 의사의 조언과 더불어 여러 책도 섭렵해 바람직한 섭생의 기준을 완전히 새로 정립했다. 몇 년 동안 꾸준히 노력한 결과, 수치가 서서히 개선됐다. 지금도 변함없이 노력 중이다.

50은 건강 면에서 하나의 경계에 서게 되는 나이다. 주변을 보아도 50을 경계로 확 나이가 드는 사람과 건강을 유지하며 상대적으로 젊게 사는 사람으로 확연히 나뉘는 걸 알 수 있다. 내가 좋아하는 운동 전문가의 표현에 의하면, '건강하게 사는 데는 영양이 80%, 운동이 20%'다. 나이가 들수록 영양nutrition의 중요성을 더욱 실감하게 된다. 그래서

50부터는 전략적으로 먹어야 한다.

우리의 신체는 20대 전반에 성장 절정기를 맞이한 후 서서히 하향곡선을 그리기 시작한다. 그리고 한 단계 더 급격히 하락하는 시점이 바로 50대. 여성의 경우 폐경을 맞으며 여성 호르몬이 줄어들고, 남성 역시 남성 호르몬이 현저히 줄어든다. 그런 이유로 요즘에는 '남성 폐경'이라는 개념도 등장한다. 신진대사능력이 현저히 떨어지기 때문에 쉽게 살이 찌는 체질로 바뀌고, 비만, 콜레스테롤 증가, 혈관 경화, 운동 부족 등의 영향으로 혈압도 쉽게 상승한다. 쉽게 살이 찌는 체질이 되면, 원래 당뇨병 인자를 보유한 이들의 발병률도 높아진다.

45세부터 55세 사이, 이른바 갱년기 증세가 발현한다. 질병이 없는데도 막연히 컨디션이 안 좋은 상태가 되어 불면증, 불안감, 얼굴 달아오름, 초조함, 어깨 결림, 발기부전, 우울증 등 다양한 증세가 나타난다. 물론 사람에 따라 양상은 다르고 개중에는 증상이 전혀 나타나지 않는 경우도 있다.

갱년기 증세는 '나밖에 모르는 증상'이라서 주변 사람에게 이해를 구하기가 쉽지 않다. 힘든데도 그냥 떠안고 살아가거나, 막연히 어디에 무엇이 좋다고 하면 이런 저런 건강

보조식품을 무분별하게 섭취하기도 한다.

이제부터라도 내가 내 몸의 전문가가 되어야 한다. 의사나 전문가의 조력을 받되, 그들에게 전적으로 의존하거나 귀가 얇아져 손쉬운 상술의 상대가 되어서도 곤란하다.

젊음에 맞서
호기를 부릴수록
늘어나는 뱃살

―――――――――― 50이 되어서도 호기를 부리는
사람들이 많다. 나는 아직도 주량이 세다면서 밤늦도록 연
일 술을 마시거나, 쇠도 씹어 먹는다면서 위와 장에 부담이
가는 기름지고 칼로리 높은 음식을 즐긴다. 건강을 염려하
는 일이 비겁한 타협이나 되는 것처럼, '이렇게 살다가 죽으
련다', '먹고 싶은 대로 먹을 거야' 하고 객기를 부린다.

건강은 돈 주고도 살 수 없다는 흔한 말을 하지 않더라
도, 나이가 들어서도 독립적이고 심플한 삶을 유지하는 데
가장 중요한 바탕이 되는 것이 바로 '체력'이다. 건강을 유지

하지 못해 혼자서 자유롭게 움직이지 못하거나 병원이나 약에 의존해 근근이 살아가는 삶은 인간답다고 볼 수 없다. 기계를 오래 쓰려면 녹이 슬지 않도록 잘 닦고 조이고 관리해야 하는 것처럼, 100세까지 써야 하는 우리 몸은 가장 소중히 관리해야 할 자산이다.

중년이 되어 허리 사이즈가 늘어나지 않았다는 사람을 보기 드물다. 중년에 불룩 나온 배는 한때 부와 인격의 상징이라도 되는 양 여겨지기도 했다. '마음만 먹으면 언제든 뺄 수 있다'고 생각하지만 십여 년 이상 서서히 쌓여온 복부 비만은 반짝 노력만으로 절대 빠지지 않는다. TV나 잡지, SNS 등을 보면 '살이 쏙 빠진다', '한 달 만에 배가 쏙 들어갔다', '순식간에 잘록한 허리 완성' 등 매력적인 문구로 소비자를 유혹하는 다이어트 약품, 운동기기, 벨트 등이 수없이 소개된다.

하지만 볼록 튀어나온 배는 몸 전체에 살이 쪘다는 증거이기 때문에, 그런 식으로 줄어들지 않는다. 전반적인 체중을 줄이고 적절히 유산소 운동을 병행해 지방을 태우고 근력을 강화시키는 운동을 병행해가야 한다.

이제는 많이 알려진 용어인 대사증후군, 즉 메타볼릭 신드롬metabolic syndrome은 내장에 지방이 쌓는 동시에 지질 이상, 고혈압, 고혈당 등이 동반되는 상태를 의미한다. 이런 상태가 되면 심근경색이나 뇌졸중이 발생할 가능성이 3배 이상 높아진다.

대개 혈압, 고지혈증, 고혈당 같은 것에서 출발해 제대로 관리하지 않으면 다양한 합병증으로 진행되는 것이 대사증후군의 특징이다. 즉 '병이 걸리기 쉬운 몸'이 되었다는 말이다. 그러므로 평생 건강하게 살고 싶다면, 이러한 몸 상태를 개선하는 데 온 힘을 기울여야 한다.

대사증후군 여부를 판단하는 제1 기준이 바로 '복부 둘레'다. 허리 중 가장 가는 곳이 아니라 배꼽 위에서 수평으로 복부 둘레를 잰다. 허리둘레가 남자 90cm(35.5인치), 여자 80cm(31.5인치) 이상이면 복부 비만을 의심해야 한다. 넉넉한 배 둘레는 인격의 상징도 아니고 나이 들었기에 용인되는 불가피한 특징도 아니다. 지금부터라도 이것과 작별해야 한다.

50에도 근육은
30대처럼 쌩쌩하다는
놀라운 사실

동창회에 나가보면 뭔지 모르게 젊었을 때와 느낌이 비슷한 친구가 있고, 어딘지 확 늙었다는 느낌을 주는 친구가 있다. 잔인한 얘기지만 가만히 보면 체중이 거의 늘지 않은 경우는 젊어 보이는 반면, 그렇지 않은 경우는 확 늙어 보인다는 걸 알 수 있다.

TV나 영화를 보면 멋지게 나이 든다는 것의 기준이 무엇인지 좀 더 분명해진다. 비록 눈가나 이마에는 주름이 졌어도 우아한 자태를 뽐내는 배우나 모델들을 보면 감탄이 절로 나온다. 어떤 면에서는 젊을 때보다 더 원숙한 매력을 풍기기도 한다. 그런 이들의 공통점 역시 체중을 적절히 잘 관리하고 있다는 것임을 알 수 있다. 같은 배우인데 촬영이 없는 휴식기에 몸이 확 불어난 모습을 찍은 파파라치 사진 등을 보면 확연히 나이가 들어 보인다.

50을 경계로 이제 나이 들 일만 남은 우리에게 큰 위안이 되는 얘기가 하나 있다. 피부에 주름이 지고 머리칼이 하얘지는 등 겉모습은 노화라는 과정을 필연적으로 경험한다. 그런데 예외가 하나 있다. 바로 '근육'이다. 근육은 늙지 않는다. 다만 우리가 잘 관리하지 않아 퇴화할 뿐이다. 60~70대에 보디빌딩 대회에 나가는 이들의 얘기가 심심치 않게 소개되곤 하는데, 근육은 늙지 않는다는 특성 덕분이다. 나이가 들어서도 팔이나 어깨, 등의 살이 늘어지지 않고 멋진 근육이 붙어 있어서, 크루즈 여행 등에서 등이 파인 드레스를 입고 멋지게 춤을 추는 모습을 상상해보면 기분이 좋아진다.

운동에는 신기한 특성이 있는데, 바로 '습관'과 연동된 것이다. 행동심리학자들의 연구에 의하면, 우리가 하는 행동의 40%가량은 습관적으로 하는 것이며, 어떤 행동이라도 100번 정도 반복하면 습관으로 만들 수 있다고 한다.

3장. 50부터 살릴 것과 버릴 것-건강 편

근육을 유지하는 운동은 하루 20분 정도면 충분하다. 헬스장에 가지 않아도 된다. 매트와 덤벨 같은 간단한 기구만 있으면. 유튜브 등 다양한 채널을 통해 홈 트레이닝으로 내 입맛에 맞는 운동법을 배울 수 있다. 돈도 들지 않는다. 설렁설렁 흉내만 내더라도 눈을 딱 감고 100일만 지속해본다. 어쩌다 하루 걸렀다 해도 처음부터 다시 시작하지 말고 그냥 계속한다. 아침이 편한 사람은 아침에, 오후가 좋다면 오후, 잠자기 전이 편한 사람은 그때 해도 된다.

근력 운동이 좋은 점은 이렇게 만들어진 근육이 신진대사를 높이기 때문에, 가만히 있는 시간에도 칼로리를 소모시켜주는 일종의 발전소 역할을 한다는 점이다. 근력 운동을 하게 되면 실제 몸무게는 늘어나게 되는데, 같은 부피라 해도 지방에 비해 근육이 더 무게가 나가기 때문이다. 또한 관절이나 뼈 주변을 강화시켜 통증이나 근골격 질환을 예방해주는 효과도 있다. 나이가 들수록 근력 운동을 꼭 해야 하는 이유다.

50이 넘으면
어느 정도
몸무게를 유지하는 게 좋을까?

─────────────── 어느 연령이든, 이상적인 체중의 기준은 일반적으로 20대 때의 체중이다. 대개 아무리 늦어도 20대 후반이면 성인의 성장은 멈추게 되므로, 이 이후에 늘어난 체중은 거의 지방이라고 봐야 한다.

체중이 늘고 주는 원리는 매우 단순하다. 몸 안에 들어간 에너지(식사)와 몸 밖으로 나간 에너지(대사, 운동) 사이의 균형의 문제다. 전자가 후자에 비해 적으면 체중은 줄고, 전자가 후자에 비해 많으면 체중은 늘어난다.

그런데 일반적으로 나이가 들면 식사량이 늘면 늘었지

결코 줄지 않는다. 반면 운동량은 감소한다.

게다가 청년기를 넘어서면 신진대사능력이 서서히 떨어진다. 폐활량도 줄어들고 장기도 덜 원활히 움직이며 근육의 양도 쪼그라든다. 그러니 30세만 넘어도 이전과 똑같이 먹고 활동한다 해도 저절로 살이 찌게 된다.

체중을 줄이는 비결은 단순하다. 에너지의 수입과 지출 가계부를 마이너스로 만들기만 하면 된다. 물론 이게 말처럼 쉽지는 않다. 2가지 이유가 있다.

첫째 체중이 오버된 기간이 길면 길수록, 몸무게를 줄이기가 더 어려워진다.

둘째, 신진대사능력이 떨어져서 감량 효과가 금세 나타나지 않는다. 젊었을 때에는 몇 끼만 굶어도 금세 체중이 줄곤 했지만, 이제는 늘어난 고무줄처럼 좀처럼 복구가 되질 않는다. 너무 급하게 체중을 줄이려다 오히려 체력이 떨어져 녹초가 되거나 컨디션이 망가지는 일도 있다.

그렇다면 체중을 줄이지 않고 그냥 놔두는 편이 나을까? 그렇지는 않다. 앞으로 살아갈 날을 생각한다면, 무리하지 않으면서 건강하게 살을 빼는 편이 훨씬 좋다. 그러려면 영양분이 부족하지 않도록 균형 잡힌 식사를 하면서, 열심히 운동을 해서 섭취한 에너지를 다 소비해야 한다. 운동과 담을 쌓았던 사람이라면 산책부터 시작해 습관을 들일 필요가 있다.

그런데 이때 운동의 기본 원리를 이해할 필요가 있다.

첫째, 근력 운동을 병행해야 장기적인 체중 감소가 가능하고 대사능력을 높여 지방을 태우는 효과를 볼 수 있다.

둘째, 산책 등 유산소 운동을 할 때에도 인터벌 운동interval training이라고 해서 숨이 턱까지 찰 정도로 최대로 심폐 기능을 활용하는 전력 운동과 이완 단계를 반복해야 한다. 느릿느릿 1시간을 걷는 것보다 파워워킹으로 빠르게 걷기를 병행하며 20분 걷는 쪽이 운동 효과가 더 크다.

나이가 들면 열심히 운동을 해도 체중이 쉽사리 줄어들지 않는다. 그러므로 체중을 목표로 두고 운동하지 않도록 한다. 체중보다는 허리둘레가 핵심이다. 근력 운동이나 인터벌 트레이닝을 하면 근육량이 늘어나기 때문에 체중이 오히려 더 늘 수 있다.

50부터는
음식을
버려야산다

———————————— 어렵게 살던 시대에는 음식을
남기는 게 극도로 죄악시 되었다. 필자도 어렸을 때 음식 남
기면 죄 받는다는 얘기를 귀가 따갑도록 듣고 살았다. 그런
데 이젠 난센스다. 물론 자기가 먹을 수 있을 만큼만 음식을
준비하고 버리지 않는 노력도 필요하다. 하지만 배가 부르
거나 영양 과다라면, 억지로 먹는 것보다는 남기는 편이 더
낫다. '아까우니까 다 먹자'는 태도가 과거에는 미덕이었을
지 모르지만, 지금 시대에는 비만의 원인일 뿐이다.

　'○○배는 따로 있다'는 말에 대해서도 의문을 품어야만

한다. '식사 후에도 디저트, 과자, 과일을 먹을 배는 따로 있다'고 말하는 사람일수록, 비만인 경향이 있다. 배는 하나뿐이다. 우리가 섭취한 칼로리는 다 그 속으로 들어간다. 대사증후군의 식단 관리법에 대해 공부한 사람이라면 알겠지만, 당분이 많이 포함된 과일이나 밀가루나 버터가 들어간 케이크나 빵은 중년 이후 최대한 자제해야 하는 메뉴다. 단백질 식품이나 현미나 귀리, 보리 등 겉껍질이 포함된 곡물을 섞어 건강하게 지은 밥으로 균형 잡힌 식사를 해놓고, 디저트나 입가심 명목으로 그보다 더 높은 칼로리의 식품을 추가로 섭취해서 체중 증가의 원인을 만들어내는 일이 흔하다.

이 대목에서 뜨끔한 분이 있다면, 앞으로의 몸 관리를 위해서라도 꼭 없애주었으면 하는 습관이다.

때로 업무나 집안일에 치어서 밥을 차리기 싫은 날도 있을 것이다. 그럴 때는 햄버거 같은 패스트푸드를 먹어도 무방하다. 금방 나오고 값도 싼데다 단백질도 들어 있다. 매일 먹는다면 곤란하겠지만 가끔은 괜찮다. 여기에 우유, 채소, 과일을 곁들인다면 꽤 괜찮은 한 끼가 된다.

도시락 가게에서 도시락을 배달시켜도 괜찮다. 저렴한

가격에 반찬이 여럿 들어 있고 요즘에는 염분도 많이 줄여서 나온다. 단, 반찬 중에 육류를 가공한 소시지나 동그랑땡 같은 것에는 지방분이 많이 들어가므로, 채소나 생선 등을 고르는 편이 좋을 듯하다. 같은 값이면 내게 유익한 것을 잘 고를 수 있는 지혜가 필요하다.

'음식은 꼭 직접 만들어 먹어야 한다'고 생각하지 않아도 된다. 또 '직접 만든 음식이 아니면 건강에 좋은 식사가 아니다'라는 말도 고루하다. 어떤 방식이든 '몸에 좋은 식사를 하는 것'이 가장 중요하다.

욕심껏 집어든
음식으로
몸을 살찌운 결과

현대인은 평균 3명 중 1명꼴로 암에 걸린다. 치료법이 많이 발전했다고 하지만, 여전히 암은 사망률이 높은 질환이다. 필자의 어머니는 40대에 두 차례나 유방암에 걸리셨고, 70세를 얼마 남기지 않고 간암으로 돌아가셨다. 언니 또한 지금까지 두 차례 유방암 수술을 받았는데, 다행히도 치료법이 좋아진 덕에 지금까지 건강하게 잘 지낸다.

가족인 어머니와 언니에게 암 이력이 있으니, 필자 또한 위험성이 매우 높다고 본다. 암은 유전적 요인에 의해서도 발생하지만, 노화의 자연스러운 귀결로 나타나기도 한다. 더 오래 사는 고령화 사회에선 누구라도 한 번쯤 암에 걸리는 것이 이상하지 않은 일이 될 것이다.

그런데 암 역시 다른 질병과 마찬가지로 생활 습관과 관련이 크다. 어떻게 생활하느냐에 따라 어느 정도 예방할 수 있다는 말이다. 대장암과 유방암은 식물성 섬유질, 지방 섭취, 비만과 어느 정도 연관 관계가 있다. 위암은 염분 섭취와 관련이 있다는 지적이 많다.

나이가 들수록 가급적이면 염분, 지방 섭취를 줄이는 한편, 채소, 덩이줄기채소, 해조류를 많이 먹을 수 있도록 식습관을 조절하면 좋겠다. 필자 역시 가족력이 있기에 더욱 유의해서 실천하고 있다. 암을 예방하기 위한 대책은 지금 시작해도 늦지 않다!

소고기, 돼지고기, 닭고기 등의 동물성 지방이나 유제품의 지방은 포화지방산으로, 비만이나 동맥경화, 심근경색, 뇌경색 등의 원인이 된다. 그러므로 가능한 한 줄이는 것이 좋다. 필자는 소, 돼지, 닭의 '다진 고기'와 '껍질이나 지방이 붙은 고기'를 사지 않는다. 시중에 판매하는 다진 고기에는 평균 20% 정도의 지방이 포함되어 있다. 하지만 덩어리 고기의 경우 지방이 적은 부위를 고를 수 있고 비계 부분은 직접 잘라내고 요리할 수도 있다. 필자는 등심에 붙은 비계는 가위로 잘라낸 후 사용하고, 동그랑땡 등 다진 고기를 이용한 요리를 만들 때는 붉은 살코기를 직접 다져서 사용한다.

지방이나 염분이 많은 소시지나 햄 종류 역시 성인병과 암 등 질환 예방을 위해 권장하지 않는 식품들이다. 필자 역시 일절 먹지 않는다. 최근 영국에서 실시한 연구 데이터에 따르면 매일 같이 소시지나 햄, 베이컨 종류를 먹으면 사망률이 크게 높아진다고 한다.

동물성 지방의 맛은 미각적으로 한 번 맛보면 쉽게 멈출수 없는 중독성이 있다. 조금씩이나마 줄여나갈 수 있도록 노력하자.

이렇게
좋은 음식을
나만 먹을 수 없으니, 집중!

값도 싸고 건강에도 좋은 식품 중 대표적인 것이 바로 '생선'이다. 생선의 지방은 몸에 좋은 불포화 지방산으로, 혈중 콜레스테롤을 줄여주고 두뇌 활성화에도 도움이 된다. 우리에게 잘 알려진 DHA나 EPA는 특히 등 푸른 생선에 다량 함유되어 있는데, 1일 섭취 권장량은 1~2g 정도다. 하루 권장량을 섭취하는 데 필요한 식재료는 꽁치, 전갱이, 정어리 한 마리, 참치 중뱃살 4~5조각, 고등어 한 토막 정도다. 그러니 하루 한 번은 식단에 등 푸른 생선을 넣어주길 바란다. 단, 통풍이 있는 경우는 예외로 한다.

또한 동물의 간에는 철분은물론 양질의 단백질, 비타민 A, 비타민 B1, 비타민 B2, 비타민 D 등이 풍부하게 함유되어 있다. 빈혈에 시달리는 여성이라면 꼭 먹어야 할 식재료다. 따라서 좋고 싫고를 떠나 꼭 식단에 포함시켜주길 바란다.

필자 역시 마흔 무렵에 철분 결핍성 빈혈로 철분제를 복용하라는 처방을 받았다. 하지만 왠지 약을 먹는 데 거부감이 들어, 간을 섭취해서 빈혈을 고쳐보기로 했다. 당시까지만 해도 간은 입에도 대지 않던 터였다. 하지만 조금씩 먹어보기 시작했더니 지금은 좋아하게 되었다.

'암 예방에 베타카로틴이 좋다'는 이야기를 들어본 적 있을 것이다. 베타카로틴이 체내에서 비타민 A로 바뀐다. 베타카로틴은 당근처럼 색이 진한 채소에 많이 포함되어 있는데, 식물성 음식으로부터는 흡수가 잘 안 되지만 간으로부터는 효과적으로 흡수할 수 있다. 먹기 쉽게 고안된 레시피도 많이 있으니, 거북스러워서 먹지 않았던 사람이라도 한번 도전해보면 어떨까?

50부터 과감히
거금을 투자해야 할 게
정말 칫솔이라고?

'퀄리티 오브 라이프Quality of Life', 즉 삶의 질이 풍요로운지 아닌지를 결정짓는 큰 요소 중 하나가 '자신의 치아'로 식사할 수 있느냐 없느냐다. 흔히 2080이라고 해서 20개의 치아를 80대까지 유지할 수 있으면 가장 바람직하다고들 한다. 자신의 치아로 식사를 할 수 있을 때와 그렇지 않을 때는 영양학적으로 큰 차이가 난다. 또 자신의 치아로 맛있게 먹을 수 있는 데서 오는 즐거움 또한 크다. 따라서 치아를 보호하는 일은 매우 중요하다.

치아가 빠지는 원인인 치주질환이나 치조농루증은 40

대부터 늘어나기 시작한다. 치주질환을 방치하면 치주농루 증으로 진행되어 치아가 힘없이 쑥쑥 빠진다. 자신의 치아를 최대한 많이 남기고 싶다면 치과의사와 상담해 치주질환, 치조농루증, 충치를 바로바로 치료해야 한다.

참고로 초기 치주질환은 양치질만으로도 완벽히 치료할 수 있으니 치과 의사에게 제대로 된 양치 방법을 배워보도록 하자. 그런 방법을 가르쳐주지 않는 치과라면 당장 바꾸는 편이 낫다. 지금부터 필자가 치과에서 배운 양치질 방법을 간단히 소개하도록 하겠다.

첫째, 헤드부분이 네모난 게 아니라 창끝처럼 생긴 칫솔을 사용한다. 이렇게 생겨야 끝부분이 치아 사이에 들어가 치석plaque을 잘 제거할 수 있다. 치간 칫솔도 사용해 치아 사이의 치석을 제거해준다.

둘째, 하루에 한 번 잠자기 전에 거울을 보며 소량의 치약을 묻힌 칫솔로 치아 하나하나를 정성스럽게 철저하게 닦는다. 치아와 치아 사이뿐 아니라, 잇몸과 치아 사이로 칫솔을 위아래로 훑어주면서 안쪽까지 꼼꼼하게 닦아내야 한다. 모든 치아를 이렇게 일일이 닦으려면 15분 이상 걸린다.

밥 먹고 나서 하는 양치질은 치약을 묻히지 않은 칫솔로 오염물을 제거한 후 따뜻한 물로 입안을 깨끗이 헹구어주는 정도만 해도 된다.

칫솔모가 벌어지면 칫솔 끝이 치아에 제대로 닿기 어려워 치석을 효과적으로 제거할 수 없다. 따라서 칫솔은 적어도 한 달에 한 번 교환해준다.

흔히 나이가 들면 주름이나 기미 같은 얼굴 노화에 신경을 많이 쓰게 마련이다. 그런데 '정작 중요한 관리' 대상은 바로 '치아'다. 나이가 들어 치아가 지저분하거나 불량하면 매우 초라해 보인다. 게다가 화장으로도 가릴 수 없다.

필자는 충치 치료를 하고 때웠던 치아가 4개 있었는데, 결국 치과의사와 상담해서 반영구적인 임플란트로 교체하기로 했다. 순차적으로 치료해서 이제는 모두 교체했다. 치아 교정도 했다. 아래쪽 앞니 하나가 1mm 정도 안으로 들어가 있어서 늘 신경이 쓰였다. 의사는 교정할 정도는 아니라고 반대했지만, 내가 고집을 피웠더니 결국 해주었다. 1년에 걸쳐 치아를 교정했는데, 지금은 하얗고 고른 치열에 매일 거울을 볼 때마다 만족하며 지내고 있다.

50부터는 장이 편안해야
몸도 마음도
편안해진다

장腸은 신체 중에서 가장 중요한 내장 중 하나다. 먹은 음식이 장에서 흡수되지 못하면, 아무리 좋은 음식과 영양소도 신체 각 기관으로 운반되지 못한다. 장에는 100종류 이상의 장내 세균이 살면서 다양한 역할을 담당한다. 좋은 균도 있고 나쁜 균도 있는데, 이들 세균은 영양소를 더 잘게 분해하고 비타민을 만드는 등 건강을 유지하는 데 꼭 필요한 존재다.

아울러 세로토닌이나 도파민 등 마음의 균형을 잡아주는 작용을 하는 물질이 뇌에서보다 장에서 더 많이 만들어진다는 사실도 속속 밝혀졌다. 즉 장은 피곤을 풀거나 정신적인 안정을 찾는 데도 중요한 기관이다.

좋은 균을 많이 만들려면 그 근본이 되는 '먹이', 즉 식물성 섬유질을 많이 섭취해야 한다. 식물성 섬유질은 채소나 과일, 덩이줄기채소류, 콩류, 해조류, 정백하지 않은 곡류에 많이 포함되어 있다. 또 발효 식품인 요구르트나 김치, 낫토 등도 좋은 균을 늘려준다. 반면 지방분이 많은 식사는 장내 세균을 감소시키고 생활 습관 질환에 취약하게 만든다.

장을 건강하게 유지하기 위해서는 스트레스나 피로가 쌓이지 않도록 해야 한다. 또 적당히 운동을 해주고 식물성 섬유가 다량 함유된 식사를 해서, 변이 잘 나오게 해야 한다. 장은 음식물이 들어오면 자동적으로 움직이기 시작하는데 이것이 불규칙적이면 오히려 피로해져 약해지고 만다. 따라서 하루 세끼를 어느 정도 규칙적으로 먹어주어야 장 컨디션을 잘 유지할 수 있다.

나이가 들면 변비를 얕잡아보지 말아야 한다. 여성 중에는 젊었을 때부터 변비를 달고 사는 이들이 많다. 필자 역시 예외가 아니었다. 5년 전쯤에 일주일 이상 변이 나오지 않아 진찰을 받은 적이 있었다. 대장암일 수도 있다고 해서 대장내시경 검사까지 받았다. 다행히 이상 없다는 결과가 나왔지만, 가족력까지 있던 터라 가슴이 다 철렁 내려앉았다.

변은 하루 한 번 보는 게 가장 좋다. 매일 변을 보는데도 양이 적고 시원하지 않거나 3일에 한 번 정도 딱딱한 변을 보고 잔변감이 느껴지면, 변비에 해당한다. 자신의 배변 습관에 이상이 느껴진다면 시중에 판매하는 약에 의지하지만 말고, 빨리 진찰을 받도록 하자.

변비를 예방하고 없애기 위해서는 변의가 느껴지면 참지 않도록 하고, 식물성 섬유질을 많이 섭취하고 규칙적인 식생활을 한다. 특히 아침을 꼭 먹는 것이 좋다. 아침을 먹으면 장이 자극을 받아 배변 활동이 활발해진다. 아침을 거르면 배변 기회를 놓치기 쉽다. 또한 적당한 운동으로 복근을 단련시켜주는 것이 좋다. 복근 운동은 장 이완을 촉진하고 혈행을 좋게 해서 위장의 움직임을 돕는다.

나이가 들어도 위내시경은 받아도 대장내시경은 등한시하는 경우가 많은데, 적어도 2년에 한 번 적극적으로 검사할 필요가 있다.

운동과 담 쌓지 말고
눕고 싶은 날엔
더 걷자

──────────── '걷기는 몸에 좋다'고 흔히들 말
한다. 체중을 줄여주고 혈압을 낮춰주는 등 걷기의 효용은
끝도 없다.

　운동에는 유산소운동과 무산소운동 2가지가 있다. 유산
소운동이란 산소를 쓰면서 천천히 지방을 태워가는 운동으
로, 워킹, 조깅, 러닝, 수영, 에어로빅, 태극권 등이 해당한다.
반면 단거리 경주, 체중을 이용한 아이소메트릭Isometric 동
작, 근력운동 등은 무산소운동으로 근육을 강화시켜주는 운
동이다.

나이가 들수록 이 2가지 유형의 운동을 병행해서, 효율적으로 운동을 해나갈 필요가 있다.

걷기는 전신운동으로 몸 전체 근육의 60%를 사용한다. 근육을 사용해서 지방을 태우기 때문에 체중 감량 효과가 있다. 지방을 태우면 당질 대사가 좋아져 중장년층에 많은 당뇨병 예방과 개선에도 도움이 된다. 또한 심박수가 올라가면 대사효율이 좋아져 혈류량이 증가한다. 이 혈액이 온몸을 돌아다니며 체내에 산소를 운반하기 때문에 심장과 폐의 기능을 높여준다. 혈액순환이 좋아지면 피로물질도 제거해주기 때문에 피곤함도 줄어든다. 충분한 산소 공급으로 뇌 세포가 활성화되어 두통이 사라지고 머릿속이나 기분도 상쾌해진다. 특히 어깨를 앞뒤로 흔들면서 힘 있게 걷는 파워워킹은 50이 넘으면서 생기기 쉬운 어깨 통증까지 방지해준다. 다리를 힘차게 뻗으며 허리도 같이 움직이므로, 장도 함께 움직여 변비 해소에도 좋다.

걷기 운동은 약간 땀이 날 정도로 해주는 편이 좋은데, 땀은 피부 표면의 불순물을 떨어뜨려준다. 또 땀을 흘리면 면역세포 활동이 활발해져 피부나 머릿결이 좋아지고 촉촉해진다. 워킹보다는 조깅, 조깅보다는 러닝이 훨씬 더 많은 효과를 얻을 수 있지만, 꾸준히 운동을 해온 것이 아니라면 조깅이나 러닝은 무리일 수도 있으니 우선 워킹으로 시작해도 충분하다. 게다가 갑자기 과도하고 격렬하게 운동을 하면 허리나 무릎 등에 무리가 갈 수도 있다.

운동은 '노동'과 구분해서 해야 한다. 똑같은 동작이라도 반복적으로 무릎 관절을 조였다 열었다 하는 무리한 등산이나 장시간 걷기 등은 운동이라기보다는 노동에 가깝다. 걷기를 하고 나서 오히려 무릎이 안 좋아졌다는 이들도 많은데, 이런 경우는 허리나 무릎을 강화해주는 근력운동을 통해 해당 근육을 강화한 후에 다시 해주는 것이 좋다.

50 이후 약해져가는 근력을 강화하는 데는 무게를 이용한 근력운동 말고도 자신의 체중을 이용한 버티기 운동, 즉 아이소메트릭 운동이 매우 효과적이다. 등부터 허리, 엉덩이까지의 몸 중심 근육을 코어core라고 하는데 이 코어를 단련해주는 스쿼트, 기마자세, 플랭크, 발레 1번 자세 등을 꾸준히 해주는 것이다. 이렇듯 코어를 강화시키면 걷기 운동도 좀 더 즐겁고 건강하게 할 수 있다.

50부터
운동을 시작하게 하는 법이
있긴 있다

───────────── 본래 필자는 운동과 담을 쌓은 아이였다. 체육시간이면 철봉, 피구, 줄다리기 할 것 없이 뭐든 젬병이었다. 그런 내가 서른 살에 유학을 떠난 미국에서 어쩔 수 없이 선택한 것이 걷기 운동이었다. 당시는 비만과의 전쟁 선포로 미 전역이 운동 열풍이었고, 누구라도 조깅, 러닝, 에어로빅 등 하나는 하던 시기였다. 친구 따라 저녁 식사 후에 걷기 운동을 시작한 것이 계기가 되었다. 운동치인 나도 얼마든지 할 수 있다는 사실에 감동했다.

걷기는 도구가 필요 없다. 수영이나 테니스처럼 특정 장

소와 상대가 필요하지도 않다. 언제 어디서나 가능하다는 것은 걷기 운동의 최대 장점이다. 물론 실내보다는 실외에서 하는 걸 권한다. 뼈를 튼튼히 해주는 비타민 D를 만드는 데는 햇볕이 필요하다. 신선한 공기를 마시고 경치 변화를 즐기는 것도 뇌 활성화에 도움이 된다.

무엇보다 걷기 운동의 가장 큰 목적은 '제2의 심장'이라 불리는 발을 단련하는 데 있다. 발은 움직이면 움직일수록 근력이 붙고, 근력은 붙으면 붙을수록 혈관이 발달해 혈액순환이 좋아진다.

여기, 가즈코 식 걷기 운동 원칙을 몇 가지 덧붙여본다.

첫째, 빨리 걷는다. 천천히 걷는 것은 운동 효과가 없다. 인터벌 트레이닝의 원리를 활용해 팔을 크게 휘두르며 최대한 빨리 걷는다. 약간 숨이 찰 정도가 적당하다.

둘째, 20~30분 이상 걷는다. 20분이 지나야 비로소 체지방이 타기 시작한다. 이 상태를 좀 더 유지하면 더 효과적이다. 몸에서 약간 땀이 나기 시작할 때가 체지방이 연소되기 시작할 때라고 보면 된다.

셋째, 걷기를 습관화한다. 흔히 1시간 이상 걸으라거나 만보 걷기를 하라고들 한다. 하지만 실제로 해보면 꽤 힘들다. 그저 의식적으로 평소보다 좀 더 많이 걸으려고 노력하면 된다. 매일 걷기를 한다면 최소 30분 이상, 하루 걸러 한다면 한 번에 1시간가량이면 된다.

필자는 아침에 도서관에 가서 영자 신문을 읽는 걸로 일과를 시작한다. 걷기 운동을 시작하기 전에 편한 옷을 입은 상태에서 TV에서 하는 맨손 체조를 5분 정도 따라 한다. 그다음 15분 정도 걸어서 도서관에 도착한다. 맨손 체조 혹은 근력운동, 아이소메트릭 운동으로 몸을 달궈준 다음에 걷기 운동을 하면 전신을 더욱 적극적으로 움직이게 된다.

또한 시간이 충분하고 여건만 허락된다면 어지간한 거리는 걸어서 움직이려고 한다. 특히 토요일에 식재료를 사러 갈 때는 일부러 걸어서 가는 편이다. 짐을 들어 무겁다고 생각하겠지만, 덤벨을 든 것처럼 근력운동의 효과까지 있어 일석이조라고 생각한다. 이렇게 절약된 대중교통 요금이나 기름값 등을 따로 계산해서 저축해두었다. 그리고 저축한 돈이 어느 정도 모이면, 열심히 운동한 나 자신에게 맛있는 식사나 좋은 공연 같은 선물을 한다. 보상이 있으면 실천이 더 즐겁다.

짧은 시간 안에
피로를 풀 수 있는
확실한 방법

50부터는 갱년기 증세 때문에 '수면'이 고르지 못해 고민하는 이들이 많아진다. 수면 호르몬인 멜라토닌의 양이 줄어들게 되어 생기는 자연스러운 현상이다. 상대적으로 저녁잠이 많아지고 아침잠이 줄어, 생활 사이클이 바뀌기도 한다.

그러나 대체로 불규칙적인 생활, 운동 부족 같은 생활 습관이 숙면을 방해하는 경우가 많다. 건강의 3대 요소는 영양, 운동, 휴식이다. 그리고 휴식의 기초는 수면이다. 예전부터 '수면 부족은 만병의 근원'이라고도 하고, '컨디션이 안 좋을 때는 잘 자기만 해도 낫는다'고도 한다. 이렇듯 수면의 질은 신체 컨디션에 직접적인 영향을 준다.

잠을 잘 자기 위해서는 수면 메커니즘을 이해할 필요가 있다. 알다시피 수면에는 얕은 잠인 '렘REM 수면'과 깊은 잠인 '논렘Non-REM 수면'이 있다. 처음 잠을 청하면 얼마 후 깊은 잠인 논렘 수면 상태로 들어간다. 그러다가 어느 정도 주기에 따라 얕은 잠인 렘 수면으로 올라왔다가 다시 깊은 잠에 빠지는 사이클을 반복한다. 이는 90분 주기의 일정한 리듬으로 하룻밤 사이 4~5회 반복된다. 그러므로 숙면을 취하려면 이 주기의 배수만큼만 자는 게 좋다. 4번 사이클을 반복한다면(90분×4) 6시간, 5번 사이클을 반복한다면 (90분×5) 7시간 반이다. 그러므로 밤 11시에 잠자리에 들어 5시나 6시 반에 일어나면, 상쾌하게 잠에서 깰 수 있다. 이보다 오래 잔다고 해도 논렘 수면 도중에 깨게 되면 더 찌뿌드드하고 피곤한 상태가 된다.

잠이 부족하다고 주말 등에 '한꺼번에 몰아서 자는' 경우도 있다. 하지만 한꺼번에 몰아서 잔다고 해서 수면 부족 상태가 해소되지는 않는다. 영양 섭취와 마찬가지로 수면도 매일매일 수지를 맞추어나가는 게 중요하다.

책상에서 장시간 일을 해서 피곤해졌을 때에는 가벼운 체조 등으로 몸을 풀어주는 적극적인 '동적動的 휴식'을 취해준다. 몸뿐 아니라 마음과 감정까지도 이완해주는 걷기를 포함한 다양한 운동은 몸 관리뿐 아니라 컨디션을 유지하는 데도 필수적이다.

또한 잠깐 누워서 쉬는 등의 '정적靜的 휴식' 역시 나이가 들수록 꼭 필요하다. 대표적인 방법이 바로 낮잠이다. 중장년이 되면 건강을 위해서라도 낮잠을 자주는 게 좋다. 잠깐만 눈을 붙여도 뇌가 쉴 수 있어 머리가 상쾌해진다. 단, 효과적인 낮잠 시간은 15분~20분 정도로 30분을 넘기지 않는다. 그보다 오래 자면 머리가 오히려 멍해진다. 밤에 못 자게 되기도 한다.

매일 몸 컨디션을 관리하는 비결은 한 마디로 피로를 쌓아두지 않는 것이다. 피곤함, 수면 부족, 운동 부족, 과도하게 섭취한 에너지 방치 등이 모두 피로를 쌓아두는 습관이다. 이게 지속되면 몸 컨디션이 나빠진다. 운동 부족이 쌓이면 생활 습관 질환에 걸리기 쉽고, 섭취한 음식 에너지를 쌓아두면 비만이 된다. 또 스트레스가 쌓이면 마음에 병이 온다.

인간의 몸은 하루하루 반복적으로 움직인다. 그 날 몸속

에 들어간 음식, 등에 짊어진 짐은 그날 안에 다 해결하도록
하자. 수지를 플러스마이너스 제로로 만들어, 깨끗하고 상
쾌한 몸으로 다음 날을 맞이하도록 하자.

4장

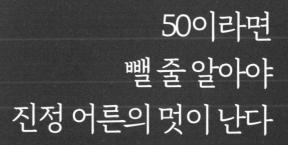

50이라면
뺄 줄 알아야
진정 어른의 멋이 난다

5
─ CHANGE ─
MY LIFE

0

중년의 패션은 카오스의 현장이라고 해도 과언이 아니다.
젊을 때 입던 스타일, 편해서 막 입는 스타일, 격조 있는 자
리에서 품격 있게 입어야 하는 스타일 등 현실과 이상과의
괴리 속에서 혼란을 겪게 마련이다. 노인처럼 입거나 애들
처럼 입지 말고, 어른답게 입는 습관을 들이기 시작해야 한
다. 그러면서도 경제적으로 입어야 한다. 어떻게 하는 것이
좋을까?

자꾸만 손이 가는
허름한 옷은
과감히 버려라

필자의 지인 중에 정말 옷을 못 입기로 소문 난 사람이 있었다. 큰 맘 먹고 좋은 옷을 샀다고 했는데, 웬일인지 그 옷을 입고 모임에 나오는 걸 본 적이 없다. 한 번은 집에 초대했기에 가보니 총각 시절 입었던 옷, 심지어 고등학생 때 입던 옷까지, 옷장 몇 개가 전부 그의 옷으로 가득 차 있었다.

그의 아내는 '어떻게든 깔끔한 스타일로 바꿔주고 싶지만 옷을 버리기라도 할라치면 불같이 화를 내는 통에 어쩔 수 없다'고 하소연했다. 좀처럼 양복을 입을 일이 없는 직업이다 보니 편하다 못해 너절한 옷을 아무렇게나 입고 다녀서 아내 욕을 먹게 하는 일이 한두 번이 아니라고 했다.

결국 여러 지인들이 합심해서 그를 적극적으로 설득했다. 그러고는 남자들끼리 낚시 여행을 가게 한 다음, 아내들끼리 모여서 묵은 옷을 전부 정리해 처분해버렸다. 그는 얼마간 '예전에 입던 옷들'을 그리워했다. 하지만 어쩔 수 없다. 이미 쓰레기장이나 재활용 처리장으로 간 옷을 되찾아올 수는 없는 노릇이다. 한 번이 어렵지 실천하고 나면 오히려 홀가분해진다. 어느새 지인도 깔끔하고 단정한 새 패션에 적응하기 시작했다. 간간히 강연이나 TV 프로그램 패널 활동을 시작하면서, 양복에 나비넥타이를 맨 모습까지 볼 수 있게 되었다.

추억이나 기억이 깃들어 있어서 자꾸만 손이 가게 되는 옷들이 있다. 내 경우도 집에 있을 때 자꾸만 목이 늘어지고 구멍이 난 낡은 티셔츠를 입으려는 스스로를 발견한다. 젊을 때는 그런 옷을 입고 거리를 활보해도 '젊은 패기'로 받아들여진다. 심지어 레트로 패션이라고 해서 일부러 낡고 촌스러운 구제 제품을 구해 입는 이들도 있다. 그런데 그건 어디까지나 젊을 때의 얘기다. 나이가 들기 시작하면, 허름한 옷은 나를 더 초라하게 만든다.

　사회적 기회 면에서든 패기 면에서든 심리적 컨디션에서든, 나이가 들면 점점 초라해진다. 여건상 집에서 많은 시간을 보내게 되면 자연스럽게 몸도 마음도 해이해지고 늘어진다. 그런 상황에서 옷마저 허접하게 입으면 마음은 더욱 움츠러든다.

　그러니 자꾸만 손이 가는 허름한 옷들이 있다면, 과감히 처분하자. 눈에 보이지 않아야 안 입게 된다. 집에서도 가급적 불편하더라도 제대로 된 복장으로 지내는 습관을 들인다. 그것이 나를 인격적으로 대접해주는 최소한의 예의다.

'누가 나를 보겠어?'라고
생각하는 순간
스타일이 죽는다

중년이 되면 어쩐지 편하다는 이유로 골프나 등산 등의 운동복이나 오래 입어 목이 늘어지고 펑퍼짐하고 허름해진 옷을 아무렇지 않게 즐겨 입게 된다.

'누가 나를 보겠어?', '편한 게 최고!'라는 생각에서이기도 하고, 몸매도 젊을 때와는 달라진데다 은퇴 등으로 격식 있는 자리에 나갈 일이 적어져 필요를 못 느끼게 되기도 한다. 그렇게 서서히 사람들이 말하는 '아줌마 아저씨 패션'으로 확연히 굳히기를 하게 되는 게 이 시기다.

옷은 소모품이다. 중년 이후를 타깃으로 하는 하이패션 상품들은 젊은이들 제품보다 값도 비싸다. 그러니 유명 인사도 아닌데, 옷에 많은 비용을 투자하기는 힘들다. 은퇴 후에는 수입도 줄어들어 젊을 때처럼 옷차림에 적극적으로 투자할 여력도 없다.

그러니 40~50대 전후, 즉 패션의 전환기에 옷을 구입하는 전략이 필요하다. 편한 옷이라고 해서 공짜는 아니다. 싸다는 이유로 이것저것 규칙 없이 사다보면 오히려 좋은 옷을 사는 쪽보다 돈이 더 많이 든다. 새로운 계절이 돌아올 때마다 유행하는 아이템들을 두서없이 사다보면, 다음 시즌에 옷장을 열어보면 옷은 엄청나게 많은데 '정작 입을 것은 없는 상황'이 되풀이된다.

쇼핑하러 간 김에 왕창 산다는 생각을 버리자. 기분 전환 삼아 쇼핑을 나가서, 세일 코너에 들러 이것저것 계획에도 없던 옷을 사는 것은 최악의 쇼핑 방식이다. 옷의 종류가 적고 자신이 소유한 옷 스타일을 전부 파악하고 있다면, 정확히 어떤 옷을 새로 사야 하는지 알 수 있다. '엉덩이까지 내려오는 박스스타일의 흰 셔츠'라든가 '정장과 캐주얼의 중간 형태인 발목까지 오는 검정색 일자바지' 하는 식으로 구체적으로 품목을 정해둔다.

기존 것을 버리고 새로운 것을 살 때에는 '10년 정도는 입을 수 있는 옷'이라는 기준 아래, 메모장 등에 새로 사야 하는 품목의 요건을 상세히 적어둔다. 그리고 자신이 정확히 원하는 품목을 발견했을 때에만 구입한다. 소재나 세탁 조건까지도 미리 생각해두면 더 좋다.

여간해서는 취향을 맞추기가 힘들다는 생각이 들 정도로 까다롭게 옷을 구매하는 게 좋다. 소재가 고급스럽고 세탁해도 변형되지 않으면서 정확히 원했던 스타일과 디자인에다 적정한 가격까지 만족시키는 물건, 기회가 날 때마다 여러 매장을 들러서 여러 번 입어보고 고르고 골라서 산 물건만 소유한다. 이렇게 시즌별로 최대 한두 벌의 옷 혹은 아이템만 구입한다는 기준을 세우면 좋겠다. 이런 식으로 버릴 것은 과감히 버리고 구매할 것은 까다로운 기준에 입각해 구입하면, 3~4년 사이에 내 옷장을 완전히 리셋할 수 있다. 까다롭게 옷을 고르는 동안, 정말 나한테 잘 맞는 스타일이 무엇인지도 확실히 파악할 수 있다.

내가 입으면
홈쇼핑 모델처럼 멋있지 않다는
가슴 아픈 현실

요즘은 온라인 쇼핑으로도 옷을 많이들 구입한다. 온라인 쇼핑이라고 전부 폄하하고 싶은 생각은 없지만, 키가 크고 날씬하고 멋진 모델이 입은 설정 컷만 보고 옷을 사는 것은 권장하고 싶지 않다. 그래봐야 몇 만 원이라고 하지만 그렇게 낭비하게 되는 비용도 만만치 않다. 값이 싸서 혹은 싼 값에 여러 벌을 살 수 있어서 좋다고 생각할지 모르지만, 모든 상품의 가격은 품질과 정확히 비례하게 되어 있다.

사진이나 TV 화면으로 보이는 옷은 세탁하지 않은 새 옷인 데다 정성들여 다림질해서 최상의 상태다. 조명이나 카메라 효과 등으로 색상도 최대한 예쁘게 보인다. 게다가 모델들은 옷을 최상으로 보이도록 최적의 몸매를 소유한 이들이다.

그러니 충동적으로 옷을 사고 싶은 생각이 들 때는 해제 암호를 스스로에게 제시하자.

'내가 입으면 절대 저 모델처럼 멋있지 않다', '나에게는 저 옷이 필요하지 않다', '사고 나면 금세 후회할 일에 돈을 쓸 필요 없다'….

만약 그래도 충동적으로 사고 싶은 물건이 생긴다면, 우선 장바구니에 담아놓으라. 2~3일 정도가 흐른 뒤에도 여전히 사고 싶은 생각이 든다면, 그때 다시 한 번 생각해보자.

또 하나, 이렇듯 충동적인 쇼핑을 통해 구입했다 입지 않게 된 옷을 6개월이나 1년 단위로 따로 정리해서 모아보라. 필요하다면 버리기 전에 사진을 찍어서 보관해둔다. 충동적으로 구입하려는 옷이 생길 때, 이 사진들을 열어보고 과거의 실패를 상기한다. 아마도 사고 싶은 생각이 더욱 없어질 것이다.

큰돈 안 들이면서도
멋 내는
50의 컬러 코디법

나이가 들면 혈액 내 헤모글로빈이 감소하는 등 자연스레 얼굴색이 칙칙해 보인다. 그래서인지 중장년층이 어두운 색 옷을 입으면 얼굴색이 한층 더 생기 없어 보이게 마련이다. 그래서일까? 일반적으로 나이가 들면 밝은 색을 선호하게 되고, 젊었을 때는 엄두도 내지 못하던 화려한 색의 옷까지 입게 된다. 물론 화사한 옷을 입으면, 더 생기가 있어 보이고 활력도 있어 보인다. 그런데 문제는 코디네이션이다. 전부 화려한 색 일색이면 서로 어울리게 조합해 입기 힘들고 유행을 쉽게 타기도 한다. 무엇보다 품격 있는 자리에 가야 할 때 혹은 장례식장 등에 가야 할 때 난감해진다.

중년에 무난한 기본 컬러는 무채색 계열이다. 화이트와 블랙, 코발트블루, 브라운 등을 바탕색으로 삼으면 서로 어우러지게 옷을 연출하기 좋다. 신발이나 가방, 핸드백도 이러한 바탕색을 위주로 구성하면, 우아하면서도 품위 있어 보인다. 여기에 반짝이나 꽃무늬, 스트라이프 같은 패턴을 추가하면 밋밋한 느낌을 덜 수 있다. 금색, 은색 등도 무채색의 연장선에서 시도할 수 있는 독특한 표현이 된다.

필자는 사실 중년 이후에 일부러 컬러 코디네이션을 공부해서 자격증까지 취득한 바 있다. 당시에 가르치던 학생이 이 시험에 응시하고 싶다고 하기에, 코치해주면서 나도 같이 공부를 해서 내친 김에 시험까지 보게 되었던 것이다.

컬러를 어떻게 배합하느냐에 따라 옷의 이미지는 물론 그 옷을 입은 사람의 이미지도 달라진다. 컬러를 조합할 때 가장 안전한 방법은 전체적인 컬러를 메인 컬러와 비슷하게 맞추는 것이다. 이른바 톤 온 톤tone on tone이라 부르는 방법이다. 앞서 말한 무채색 계열을 채도별로 어우러지게 코디하는 것이다. 검정이라면 회색이나 흰색을 조합하고, 브라운이라면 베이지, 코발트블루라면 하늘색을 조합한다. 안전하고 실패하지 않는 방법이기는 하지만, 어딘가 모르게 따분할 수도 있다.

반면 완전히 반대되는 컬러를 조합하는 '대조 코디네이션'도 있는데, 실패하면 너무 요란스럽거나 품위 없어 보일 수 있으니 주의해야 한다. 대조 코디네이션을 영리하게 활용하는 방법은 옷 전체가 아니라 가방이나 스카프 같은 소품을 활용하는 것이다. 즉 기본 컬러의 의상에다 '포인트 컬러'가 될 만한 소품을 곁들인다. 이렇게 하면 칙칙해 보이는 것도 막을 수 있고, 우아한 기본 패션에다 시선을 집중시키는 독특함을 덧붙일 수 있다.

한마디로 '기본 컬러 의상' 더하기 '포인트 컬러 소품'을 지향하면, 실패 없이 우아하면서 개성 있는 중년 패션을 완성할 수 있다. 자신이 가진 옷을 컬러와 채도별로 행거에 걸어 보관하면, 컬러 코디네이션 하는 데에도 도움이 된다.

사실 사람마다 자신에게 맞는 컬러가 있다. 또한 컬러는 명도(색의 밝기), 채도(색의 선명함), 톤(색조) 등 복잡한 요소로 구성되어 있기 때문에, 아마추어가 혼자서 자신에게 맞는 컬러 조합을 판단하기란 쉽지 않다. 인터넷 등에 보면 컬러 샘플 모음을 찾을 수 있다. 자신이 주로 어떤 컬러 조합을 즐겨 입었는지, 또한 자신의 피부 톤에 어울리는 컬러 조합은 무엇인지 파악할 수 있다. 당신도 자신의 코디네이션이 주로 어떤 패턴인지 한 번 체크해보기 바란다.

50부터는
하나쯤 꼭 갖춰야 할
패션 아이템은 이것

가끔 멋지게 나이 든 할머니나 할아버지를 보면서 감탄을 금치 못할 때가 있다. 특히 필자가 미국에서 공부할 때, 그런 노인들을 보면 '아! 나도 나중에 저렇게 되고 싶다'는 생각을 종종 하곤 했다. 그중에서도 신기했던 것은 60~70대에도 하이힐을 아무렇지 않게 신고 다니는 모습이었다. 허리를 꼿꼿이 편 채 하이힐을 신고 정장을 입은 할머니의 모습은 이삼십 대 커리어우먼과 비할 데 없이 우아하고 아름다웠다.

　나이가 들면 습관적으로 편한 신발을 골라 신게 된다. 물론 걷기 운동을 위해 워킹화나 운동화를 즐겨 신는 것은 좋은 현상이다. 필자 역시 걷기를 즐기기에 정장으로 가야 하는 자리에도 일부러 운동화를 신고 이동했다가, 가방이나 차에 따로 챙겨둔 펌프스로 갈아 신곤 한다.

그러나 나이가 든다고 해서, 또 단순한 라이프스타일을 지향한다고 해서, 모든 것을 없애고 자제해야 하는 것은 아니다. 오히려 나이가 들수록 꼭 하나씩 갖춰야 하는 아이템도 있다.

첫 번째가 바로 정장 구두다. 여성의 경우는 하이힐, 남성의 경우는 옥스퍼드 슈즈라고 불리는 끈으로 묶는 정장 가죽구두가 이에 해당한다. 편하다는 이유로 굽이 뭉뚝한 둔탁한 신발이나 볼이 펑퍼짐한 안전화 같은 것만 신으면, 정작 예의를 갖춰야 하는 자리에 가야 할 때 민망해지는 상황이 된다. 맵시도 나지 않을 뿐 아니라 격식에도 어울리지 않는다.

하이힐은 여성스러움을 더해줄 뿐 아니라, 허리를 곧게 펴게 해주는 효과도 있어 자세를 잡는 데도 도움이 된다. 스스로 멋지게 느껴지기도 한다. 하이힐은 한 번 안 신기 시작하면 여간해서 다시 신기가 힘들다. 그러므로 자주는 아니어도 가끔씩은 하이힐을 신고 걷는 연습을 해주자.

둘째, 나이가 들수록 자신의 개성에 맞는 향수 하나는 사용하는 게 좋지 않을까 생각한다. 연구 결과, 노인에게는 신진대사능력 저하로 체내에 노폐물이 쌓여 특유의 냄새가 나게 된다고 한다. 운동이나 균형 있는 영양 섭취로 대사능력을 높이는 것도 노인 냄새를 예방하는 데 도움이 된다. 하지만 특유의 냄새를 차치하더라도, 자연스러우면서 독하지 않은 나만의 향기를 갖는 것도 삶의 만족감을 높이는 하나의 방법이 된다. 요즘에는 취향에 따라 수백 가지의 향기 중에서 원하는 것을 고를 수 있는 제품들도 나와 있으므로, 나만의 향기를 골라 은은히 풍겨보는 것은 어떨까.

패션의 완성은 몸가짐, 멋진 옷맵시를 만드는 2%의 비밀

'나 같은 체형에는 어차피 어떤 옷도 어울리지 않아', '살이 쪄서 무슨 옷을 입어도 안 어울려'….

이런 이야기를 자주 듣곤 한다. 하지만 이는 크나큰 오해다. 그런 생각에 휩싸여서 자신만의 멋을 창조하는 데 소극적이 되고, 어느 새 아름다움에는 신경 쓰지 않는 사람이 되어버린다면 안타까울 따름이다.

'옷을 맵시 있게 잘 입는 사람들'을 자세히 살펴보면, 반드시 날씬하고 훤칠한 모델 같은 외형의 소유자만은 아니라는 것을 알 수 있다. 체형도 날씬하고 비싸고 멋진 옷을 입었는데도 눈에 띄지 않는 소위 말해 '귀티'가 나지 않는 사람이 있는가 하면, 조금 통통해도 스타일이 멋진 사람이 있다.

스타일의 제1 요건은 외모가 아니라 '자신감'이다. 자신감 있고 당당한 마음가짐에서 진정한 멋이 나온다. 그리고 그 자신감은 '자세'로 표출된다.

실제로 옷을 예쁘고 맵시 있게 입는 비결은 체형이 아니라 '자세', 특히 '가슴과 허리'에 있다.

가슴을 펴고 허리를 곧추 세워 세상을 향해 '나는 이런 사람이야!' 하고 소리치듯 나 자신을 표현한다.

예쁜 자세란 무엇이냐. 머리 위에 실을 매달아 천장에서 끌어당기기라도 한 것처럼 목을 똑바로 세운 채로 턱을 당긴다. 어깨는 추켜세우지 않고 편안히 내린 상태에서 가슴은 정면을 향해 내밀고 배에 힘을 주고 허리를 꼿꼿이 편다. 양 엉덩이에는 힘을 주어서 붙이기라도 할 듯 긴장되어 있다. 다리도 엉거주춤하지 않고 똑바로 편 상태다.

이것이 바로 발레 1번 자세다. 발을 약간 벌리고 서면, 전신이 쭉 펴지고 다리도 완전히 펴지며 무릎까지 붙어 자세를 교정하기 쉽다. 그래서 나이가 들수록 벽에 등을 기대고 이 자세를 5분가량 유지하는 연습을 해주면, 맵시 있는 포즈를 유지하는 데 도움이 된다. 실제로 해보면 온몸에 땀이 날 정도로 쉽지 않다는 걸 알 수 있을 것이다. 발레리나의 우아한 몸짓은 이 기본자세 덕에 가능한 것이다.

걸을 때에도 기본자세를 유지한 상태로 움직인다. 가슴을 쫙 펴고 엉덩이에 힘을 주고, 양쪽 허벅지를 앞뒤로 스치듯이 교차시키는 느낌으로 걷는다. 이것이 바로 모델 워킹이다. 이렇게 자세만 바로잡아주어도 훨씬 날렵하고 우아해 보인다.

우리 몸은 긴장하지 않은 부위는 지방이 붙어 늘어지고, 긴장한 부위에서는 지방이 떨어져나가게 되어 있다. 그러므로 예쁜 자세만 유지한다면 청바지에 티셔츠 하나만 걸쳐도 너무 멋져 보이는 법이다.

옷은 적당히 여유 있게, 그럼에도 평퍼짐하지 않게

──────────────── 중장년이 되면 옷을 입는 타입
이 대략 둘로 나뉜다.

체형이 드러나는 것이 싫어서 큼지막하고 헐렁한 옷만
골라 입는 쪽과 어떻게든 더 날씬하고 젊어 보이고 싶어서
몸에 딱 맞는 옷을 선호하는 쪽이 그것이다.

그런데 두 쪽 모두 어른의 멋에 걸맞은 아름다운 옷맵시
라고 하기는 힘들다. 아무리 몸 관리를 열심히 한다고 해도
너무 딱 달라붙은 옷을 입으면 체형이 그대로 드러나서 볼
썽사나운 모양새가 되고 만다.

중년 이후에 옷을 예쁘고 맵시 있게 입으려면, 움직일 때 천이 살짝 흔들릴 정도의 '여유'가 필요하다. 허리나 가슴 모두 팔하나 정도가 들어갈 여분이 있는 편이 가장 좋다고 생각한다.

체형을 감추기 위해서 헐렁한 옷을 고집하는 경우도 오히려 위아래가 통나무처럼 연결된 듯 둔해 보이므로, 권하고 싶지 않다. 허리 라인을 숨기는 펑퍼짐하고 길게 늘어지는 옷을 고르면, 오히려 키가 더 작아 보이고 몸매도 더 통통해 보인다. 게다가 너무 헐렁한 옷은 단정해 보이지도 않고 대개 품격 있는 자리에 어울리지도 않는다. 허리를 가리는 긴 상의는 보는 사람들의 시선을 아래로 끌기 때문에, 오히려 스타일의 균형이 깨져 보이게 한다.

사람들의 시선은 옷이 분리되는 부분을 향하게 마련이다. 따라서 허리가 두껍다고 감출 게 아니라 오히려 벨트를 매는 등, 허리에 포인트를 주는 것이 좋다. 그렇게 하면 전체적으로 균형 잡혀 보일 뿐 아니라 적당한 긴장감을 주어 맵시를 유지하는 데도 도움이 된다.

나이 들수록
가장 신경 써야 할 옷,
속옷에 대하여

──────────── 옷차림 중에서도 특히 눈살을 찌푸리게 되는 게 있는데, 바로 속옷이 볼썽사납게 훤히 비치거나 속옷 라인이 밖으로 드러나는 것이다. 꽉 끼는 브래지어 때문에 등살이 뭉쳐 골이 진 모습, 팬티 라인이 조여서 그 밑으로 살이 삐죽 나와 있는 모습, 여름철 얇은 바지 밑으로 원색의 속옷이 적나라하게 비쳐 보이는 모습 등 잘못 입은 속옷이야말로 품위 없음을 적나라하게 드러나게 하는 원인이 된다.

속옷 위로 살에 층이 생기거나 튀어나오는 현상은 비단

살이 찐 사람에게만 나타나는 게 아니다. 자신의 체형과 맞지 않는 속옷을 착용했거나 착용 방법을 몰라서 생겨난다. 특히 여성들의 경우 나이가 들면서 속옷 사이즈가 바뀌었는데도 젊었을 때 사이즈나 스타일 그대로를 고수하면 곤란하다. 체형에 따라 햄 라인이 없는 팬티, 등 밴드가 넓고 신축성이 좋은 스포츠 브라 등을 선택해서 살이 삐져나오는 일이 없도록 하면 좋겠다. 여성뿐 아니라 남성 역시 얇은 하의를 입을 때 속옷이 비치거나 라인이 드러나지 않도록 속바지 등을 챙겨 입도록 하자.

흔히 나이가 들면 언제 어떤 일이 생길지 모르기 때문에, 속옷은 더 신경 써서 챙겨야 한다고 조언한다. '사고로 갑작스레 병원 응급실에 실려 갔는데, 민망하게도 찢어지거나 더러운 속옷을 입고 있어 곤란했다'는 식의 얘기도 심심찮게 나온다. 어떤 의미로 속옷은 인간으로서의 자존감과도 연결된다.

고무줄이 헐렁해지거나 너무 늘어져버린 속옷, 레이스가 찢어지거나 민감한 부위가 오염된 속옷, 그런 것을 아무렇지 않게 계속 입는 사람들이 있다. 이런 이들일수록 오래된 속옷을 처분하지 않은 채 계속 유지하기에, 쓸데없이 속옷 개수가 많다는 특징을 보인다.

속옷은 겉으로 보이지 않는다. 하지만 그래서 더욱 신경 써야 한다. 무엇보다 청결해야 하고, 또 다른 어떤 옷보다 예쁜 것을 입어야 한다. 예쁘다는 것은 디자인이 특별하고 값비싼 실크 원단 같은 걸로 된 걸 의미하는 게 아니다. 올이 풀리지 않고 고무줄이 늘어나지 않고 변색되지 않은 깨끗한 속옷을 말한다.

'어차피 겉으로 보이지도 않는데 뭐' 하고 생각해왔다면 오산이다. 남들이 아무도 몰라도, 나 자신은 안다. 낡은 속옷을 계속해서 입는 것은 스스로를 아무렇지 않게 대우하는 아주 작은 습관이 되어버린다. 스스로만 깨닫지 못할 뿐 어딘가에 '틈'이 생겨나고 있을 것이다. 보이지 않는 곳까지 신경을 쓰는 것이 진정한 멋이다.

4장. 50이라면 뺄 줄 알아야 진정 어른의 멋이 난다

5장

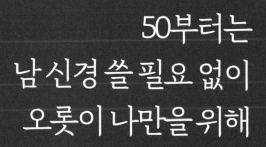

50부터는
남 신경 쓸 필요 없이
오롯이 나만을 위해

5
CHANGE
MY LIFE
0

이제부터는 이기적으로 시간을 보내자. 좋아하는 일, 하고 싶었던 일, 나 스스로를 성숙하게 만드는 경험을 향해 나 자신을 온전히 뛰어들게 할 수 있는 나이가 바로 지금이다. 지금까지는 자원과 능력을 경영하는 실력이 삶의 질을 좌우했다면, 이제부터는 시간을 경영하는 실력이 더 중요해진다. 나를 산란하게 만드는 외부의 온갖 잡음으로부터 자유로워지고, 오롯이 나만을 위한 시간을 운영하는 법을 터득해가면 어떨까.

소파에 누워 TV나 보며
앞으로
30년을 보낼 건 아니죠?

──────────── 50이 되면 온전히 나만을 위한
자유로운 시간이 많아질 줄 알았다. 언제까지나 내 손길을
필요로 하던 아이들이 저마다 자라서 독립을 하거나 자기
인생을 찾아 분주해지고 나면, 혹은 다니던 회사를 그만두
거나 어느 정도 바쁜 일에서 손을 떼고 자유 시간이 많아지
면, 하고 싶은 일을 실컷 해야지 하고 생각했다. 그런데 막상
닥치고 보니 실상은 전혀 그렇지 않았다.

별로 바쁜 일도 없는데 하루가 너무도 빠르게 지나가버
린다. 시간이 많아서 오히려 집안일이나 꼭 해야 할 일도 뒤

로 미루고 빈둥거리게 되는 나 자신을 발견한다. 뭐든 느릿느릿 천천히 하게 되고, 그냥 멍하니 소파에 앉아서 TV를 보는 등 머릿속이 텅 빈 채로 멍하니 시간을 죽인다. '그동안 바쁘게 살았다', '나도 쉴 자격이 있다'는 핑계와 더불어 뭉텅이로 시간을 낭비하는 스스로를 발견하게 되었다.

흔히 나이가 먹으면 시간이 더 빨리 흐른다고 말한다. 시간은 절대적인 것이 아니라 상대적이다. 내가 어떻게 체감하느냐에 따라 시간의 효용가치는 달라진다. 나는 젊어서의 시간이 더디 가는 것처럼 느껴지는 이유는 경험의 차원이 훨씬 다채롭기 때문이라고 생각한다. 좌절하고 도전하고 또 성장하는 가운데, 시간의 체감 효과는 증폭된다. 반면 어느 정도 나이가 먹고 나면 반복적이고 변화 없는 생활이 지속되기 쉽다. 색다른 경험을 할 일도 줄어들고 도전이나 변화도 적다 보니, 하루하루는 지루하기 그지없는 듯 여겨지지만 그것이 중첩되면 훌쩍 시간이 흘러버리고 만 것처럼 느껴진다.

어느 날 소파에 앉아서 TV 드라마를 보다가, 갑자기 머리칼이 곤두서면서 오싹한 기분이 들었다. 30년 후에도 이

자리에 같은 모습으로 앉아 있는 나 자신의 모습이 떠올랐기 때문이다.

50부터는 상대적으로 시간적 여유가 많아지기 시작하기 때문에, 역설적으로 시간을 어떻게 사용할 것인가에 대한 훨씬 더 체계적이고 용의주도한 계획이 필요하다. 그렇지 않으면 편한 방식으로 아무렇게나 사용하여 허비해버리게 된다.

우리에게는 시간이 가장 한정된 자원이다. 나이가 들수록 더욱 그렇다. 이 한정된 자원을 어떻게 알뜰하게 쓸지 고민하지 않으면, TV 앞에서 남은 30년, 아니 50년을 보내게 될 수도 있다.

언제 죽어도
후회하지 않을 만큼
만족스런 일상이 되려면

당신에게 죽기 전 단 일주일이 남겨졌다면, 무엇을 하고 싶은가?

아마도 비슷한 주제의 영화도 여럿 있었던 듯하다. '버킷 리스트'라고 해서 죽기 전에 꼭 해보고 싶은 것의 목록을 적어 하나씩 실천하기를 권하는 방법론도 있다.

현재를 가장 알차게 보내는 방법은 '죽기 전 일주일 동안 하고 싶은 일'을 매주 하는 것이다. 그런데 우리는 왜 그렇게 하지 못할까? 바로 'OO 때문'이라는 핑계 탓이다. 돈이 없어서, 시간이 없어서, 잘 몰라서, 해본 적이 없어서, 같이 할 사람이 없어서….

또 하나의 이유는 '계획하지 않기 때문'이다. 계획하지 않는 한, 어떤 것도 자연히 일어나지 않는다. 만약 당신이 현재의 일상을 무의미하게 흘려보내고 싶지 않다면, 촘촘하게 계획을 세워야 한다. 시간을 알차게 보내는 최상의 비결은 시간 계획을 알차게 세우는 것이다.

취미 생활을 하든 운동을 하든 공부를 하든 혼자서 책을 읽으며 호젓한 시간을 갖든, 모든 것이 오롯이 당신 자신에게 맡겨져 있다. 그리고 시간의 레이어를 어떻게 겹겹이 쌓아가느냐에 따라 긴 시간이 흐른 후 당신이 느끼는 삶의 만족도는 크게 달라져 있을 것이다.

인생 전반전은 누군가가 시켜서 무언가를 해야 했던 일상의 연속이었다. 공부든 일이든, 시키는 대로 잘하면 좋은 결과도 얻을 수 있고 주변의 평가도 흡족해진다. 그 결과 돈이나 사회적 인정 같은 보상도 받았다. 어떤 배경에서 자랐느냐, 어떤 사회적 지위를 획득했느냐에 따라 시작점이 서로 다른 싸움이기도 했다. 공부나 성공 같은 단편적인 평가 항목만 적용되기도 하고 말이다.

하지만 인생 후반전은 비유하자면 모두가 맨 몸으로 뛰어드는 백병전과도 같다. 무얼 하기로 마음먹느냐에 따라 많은 걸 해내는 사람과 아무것도 안하고 시간만 죽이는 사람으로 확연히 나뉜다. 돈이 많든 사회적 지위가 높든, 처해진 조건이라는 계급장은 이 상황에선 먹히지 않는다. 온전히 '나 자신'과 씨름하면서 나오는 실력과 패기만이 이 장면에서의 진짜 실력이 된다.

필자는 해외 유학 경험까지 있고 대학에서 학생을 가르치다가, 전혀 새로운 '가정 방문 보호사'라는 직업세계에 뛰어들었다. 남들이 보기에는 터무니없이 초라한 직업일지 모른다. 그러나 나는 나이가 먹어서도 얼마든지 할 수 있는 직업이었기에 이걸 선택했고, 그로 인해 주어진 시간적 · 경제적 자유 속에서 하루하루 그 어느 때보다 많은 일들을 경험해가고 있다. 더군다나 학문이라는 카테고리 안에만 머무르며 공부만 아는 샌님 같던 성격도 많이 달라졌다.

인생은 하루하루가 쌓이고 쌓여서 만들어진다. 그러나 그런 하루하루가 모여 몇 년 후에는 아무것도 하지 않은 사람과 그렇지 않은 사람 사이에 크나큰 차이가 생겨난다.

나이 들어보니
'나와의 데이트'가
제일 달콤하더라

은퇴를 하거나 주부에서 졸업하고 나서 주어진 수많은 시간을 지혜롭게 사용하기 위해, 가장 먼저 전제되어야 할 것이 바로 '혼자서도 잘할 수 있는 능력'이다. 그러려면 '외롭다'는 감정과 잘 지내야 한다.

젊어서는 친구가 최고였다. 연애도 달콤 쌉싸름한 맛을 선사하는 중요한 선물이었다. 그런데 수많은 오해와 배신, 서운함과 기대의 회오리를 지나고 보니, 세상에서 나를 가장 잘 이해해주고 내가 가장 친하게 지내야 하는 존재는 바로 '나 자신'임을 깨닫게 된다. 마흔 즈음부터 부쩍 느낀 깨달음은 '바깥의 사람들에게 큰 기대를 하지 않아야 한다'는 것과 '때로 나 혼자여도 괜찮다'는 것이다. 이제 가장 공들여서 보내고 싶은 시간은 '나와의 데이트' 시간이다. 나 자신이 충만할 때 외부에 대한 헛된 바람을 품거나 타인에게 의존할 필요가 없어지고, 그 결과 역설적으로 그 누구와도 잘 지낼 수 있게 된다.

시간이 나면 혼자서도 훌쩍 여행을 떠난다. 책 한 권 끼고 호젓한 호텔 리조트 방갈로에 앉아, 칵테일도 한 잔 즐긴다. 약속도, 만날 사람도 없는 이런 '혼자만의 시간'이야말로 세상에서 가장 달콤한 순간이다.

혼자서 뭐든 할 수 있게 되면, 그 어느 것에도 제약이 없어진다. 맞지도 않는 스케줄을 억지로 끼워 맞춰서 여행 계획을 세워야 할 필요도 없고, 시간적 여유가 부족해도 자투리 시간을 활용해 내가 하고 싶은 체험을 할 수 있다. 어느 집단 안에라도 나 혼자 기꺼이 뛰어들 태세가 되어 있으면, 어떤 것도 배울 수 있고 어떤 것도 도움을 받아 해낼 수 있다. 돈이 없어도 다른 사람 눈치 보지 않고 요령껏 해낼 수 있다. 가령 친구들과 여럿이 움직이면 식당에서 밥을 사먹고 비용을 각출해 하고 싶지 않은 것도 해야 하겠지만, 나 혼자 하면 집에서 음식을 싸갖고 갈 수도 있고 돈만 들고 하기 싫은 건 하지 않고 넘어가도 된다.

더욱이 인간관계에 지쳤을 때, 너무 바빠서 나 자신을 잃어버릴 것만 같을 때, 지인이나 친족의 죽음으로 마음이 산산조각 났을 때에도, 혼자만의 시간을 보낼 수 있다면 다시 한 번 나를 돌아보거나 마음을 진정시킬 수 있다. 혼자만의 시간은 바쁜 사회생활에 지친 누군가에게도 하루, 일주일, 한 달이라는 커다란 흐름 속에서 한 가지 일에서 다음 일로 넘어가기까지의 '완충지', '플러스마이너스 제로'의 충전 경험이 되어준다.

심지어 때로는 아무것도 하지 않는 '혼자만의 시간'도 가질 수 있다. 그저 멍하니 마음에 쌓인 먼지를 떨어내는 여유 시간을 스스로에게 주는 것이다. 혼자서 잘 지내는 법을 배우는 것은 '나 자신을 위해 시간을 사용하는' 기초 기술 중 하나다.

50부터야말로
진짜 공부를
시작하기 좋은 나이

━━━━━━━━━━ 안타깝게도 20대 후반을 경계
로 인간의 생리 기능, 소화흡수 기능, 운동 기능, 대사 기능,
정신 기능 등 거의 모든 기능이 떨어지기 시작한다.

그런데 반가운 소식이 있다. 앞서 근육은 나이 들지 않는
다고 했는데, 또 하나 나이 들지 않는 것이 있다. 바로 '두뇌'
다. 기억이나 지식 등과 관련된 두뇌 기능은 훈련을 통해 얼
마든지 향상시켜 나갈 수 있으며, 특히 노화에 따라 급격히
쇠퇴하지 않고 사용 여부에 따라 오히려 더 활성화되는 특성
을 지녔다.

위대한 학자, 과학자, 문학가 등 세상에 이름을 남긴 이들 중에서 대표적인 업적을 50~60대에 이룬 이들이 많다. 위인전에 나올 법한 대단한 인물들에 국한된 얘기가 아니다. 평범한 우리에게도 얼마든지 해당되는 얘기다.

게다가 시간적 여유가 많아진 인생 후반부에는 젊은 시절 하지 못했던 공부나 취미 등에 더욱 의욕적으로 도전할 수 있다. 이제껏 쌓아온 경험에다 새로운 지식과 체험을 덧붙이면 시너지도 생겨난다. 그러므로 진짜 공부를 시작하기에 가장 적합한 연령대가 바로 지금인 것이다.

필자가 미국에서 유학했다는 걸 알게 되면, 주변 사람들이 '영어 잘하시겠네요? 나도 좀 배우고 싶은데…' 하고 부러워한다. 늦깎이 유학이라 발음도 시원치 않아서 나한테 배우는 것보다는 인터넷이나 휴대폰 앱 혹은 교육방송 강좌 같은 게 더 낫지 않겠냐고 권해본다. 직접 해봤더니 학습 효과가 좋았던 프로그램도 몇 가지 추천해주었다. 그런데 '배우고 싶다'고 호들갑을 떨던 이들 중에 내 조언을 듣고 실행에 옮긴 사람은 없었다.

반면, 나와 같이 가정 방문 복지사 과정을 수료했던 K는 달랐다. K는 시간이 날 때마다 여행을 다니곤 한다. 3개월 후 미국 여행에서 홈스테이를 하게 되는데, 현지인들과 대화해보고 싶다며 영어를 가르쳐달라고 했다. 평소대로 인터넷 강좌 하나를 권해줬다. "추천해줘서 고마워요, 꼭 들을게요!" 이렇게 말한 사람은 K가 처음이었다. 그 후 매일 강좌를 들으며, 모르는 게 생기면 내게 전화해서 이것저것 묻기도 했다.

한 달쯤 되었을까? 오랜만에 만난 자리에서 K가 조심스레 말을 꺼냈다.

"강좌 내용은 웬만큼 알아듣겠는데, 말을 할 기회가 없다 보니 아쉬워요. 실습이 필요할 것 같아요."

나는 전화 통화를 이용해서 영어로 대화하기 연습을 해보자고 제안했다. '그날 있었던 일과 관련해서 하고 싶은 표현을 미리 종이에 적어두었다가, 모든 대화를 영어로 해봅시다!' 매일 저녁 8시부터 30분간 해보는 것으로 정했다. 진짜 전화를 할까 반신반의했지만, 놀랍게도 K는 매일 저녁 8시 정각에 전화를 걸어왔다.

떠듬떠듬 중학생 정도의 실력이었지만, 어떻게든 영어로 이야기해보려는 노력이 역력히 느껴졌다.

내심 귀찮은 마음도 있고 해서 '좀 하다 말겠지' 했는데, K는 여행 전날까지도 줄곧 지치지 않고 전화를 걸어왔다. 그 즈음이 되자 발음이 훌륭하지는 못해도 하고 싶은 말 상당수를 영어로 표현할 수 있게 되었다.

여행에서 돌아온 K에게 어땠느냐고 물었더니, 그룹 안에서 영어로 이야기할 수 있는 사람이 자기밖에 없어 통역 비슷한 역할까지 했다고 했다. 홈스테이 하는 곳에서도 영어 실력을 칭찬 받았고 평소 소원대로 영어로 이야기할 수 있어 정말 즐거운 여행이었다고 했다.

'여행 가서 영어로 말하고 싶다'는 동기에서 출발해서 끈질기고 성실한 시간 투자를 통해 소기의 성과를 거두었다. 덧붙여 여행 경험에서 칭찬과 부러움이라는 '피드백'까지 얻음으로써, K는 완벽한 학습 사이클의 궤도에 올랐다. 그 후로 K의 영어 실력이 더욱 일취월장했음은 당연한 귀결이다. 나이는 절대 핸디캡이 될 수 없다. 오히려 막연히 의미를 모른 채 공부해야 했던 젊은 시기보다 경험과 갈증으로 인해 더욱 강력한 동기를 갖게 되면, 더 효과적으로 공부에 매진할 수 있다. 이 시기는 비로소 진짜 공부를 시작할 수 있는 나이인 것이다.

50대에
자격증을
4개나 딴 이유가 다 있지

대학 교원으로 일하면서 퇴직하기까지, 오로지 일만 하며 살아왔다. 사회적 인정도 받았고 제자들의 존경도 받았다. 만족스러운 경험이었지만, 그대로 커리어를 끝내기에는 뭔가 아쉬움이 있었다.

그러다가 어머니를 간병하게 되면서, 노인 돌봄에 대해 더 공부하고 싶은 마음이 들었다. 당시 행정기관에서 주관하는 홈 헬퍼 1급 자격 강좌를 수강했다. 그 후 요양 현장에서 실무 경험을 쌓다가, 9년차가 되던 해에 국가 공인 자격인 가정 방문 복지사 시험에 도전하게 되었다.

엄밀히 말하면 요양은 내 본업이 아니다. 자격증이 없어도 일하는 데는 아무 제약이 없었다. 하지만 요양 현장에서 보낸 9년을 마무리하는 변곡점이자 새로운 도전의 하나로 자격증을 취득하기로 마음먹었다. 그때 필자의 나이가 53세였다.

젊은이들도 관련 학원에서 수강하며 준비하는 시험이지만, 당시에도 대학 강의를 병행하고 있었기 때문에 따로 시간을 내 수강을 하기는 힘들었다. 대신 지인들에게 책과 기출 문제집을 빌려서 한 달간 남는 시간을 활용해 최대한 열심히 공부했다. 어머니를 비롯해 그동안 만나온 분들을 통한 경험과 노인 돌봄에 대한 깊은 관심이 동기가 되었는지, 어려운 학과목 내용도 현장 상황에 맞춰 유연하게 이해할 수 있었다. 그 덕에 운 좋게도 필기와 실기를 모두 한 번에 통과할 수 있었다.

필자가 근무하던 대학은 실용 위주의 커리큘럼을 채택한데다 재학생들에게 최대한 많은 자격증을 따게 한다는 방침을 세워두고 다양한 자격 취득 강좌를 마련해두고 있었다. 내 강좌를 수강하는 학생들 중에도 푸드 코디네이터, 요리 기술사, 컬러 코디네이터 같은 자격 검정을 취득하려는 이들이 몇 명이나 있었다.

가르치느라 바빴던 나는 자격증을 딴다는 생각은 해본 적이 없었다. 그런데 학생들이 보는 시험에 대해서도 제대로 경험하지 못한 채 그들을 가르친다는 것이 뭔가 부끄럽게 느껴졌다. 마침 가정 방문 복지사 자격증을 취득하느라 공부에 탄력이 붙어 있던 터라, 계속해서 새로운 목표를 설정해 내 두뇌의 한계에 도전해보자고 결심했다. 3개의 검정 시험은 9월부터 11월 사이 연달아 계획돼 있었다. 한꺼번에 3개를 다 취득한다는 목표를 설정하고 부지런히 공부했다. 학생들은 가장 낮은 등급의 시험에 도전했지만, 나는 최상급에 도전하기로 했다. 이때의 필자 나이가 59세였다.

지하철 안에서도 공부하고 걸어 다니면서 암기했다. 요리 기술사의 경우 실습도 병행했기 때문에, 매일 주방을 어지럽혀가며 요리 연습도 했다. 매일 썰기 연습을 한 무가 산더미처럼 쌓여서 처치곤란 지경이 됐고, 생선도 얼마나 많이 다듬었는지 잘 사용하지도 않는 냉동실이 가득 찰 지경이었다.

고진감래라고 했던가. 기적처럼 모든 자격시험에 합격

했다. 심지어 요리 기술사 시험에서는 상위 기록으로 수상까지 했다. 일과 병행하는 공부는 죽을 만큼 힘들었지만, 이때만큼 하루하루 가슴 뛰며 행복했던 시기는 없었던 듯싶다.

두뇌를 최대한 활용하고 최대한의 공부 효과를 끌어내기 위해서는 돌파break-through의 경험이 필요하다. 한계치를 설정하고 그것을 넘어설 때 우리 두뇌의 역량은 한층 커진다.

기댈 수 있는
취미 하나쯤 생기면
달라지는 것들

자기만의 시간을 확보했다면 인생을 더욱 알차게 보내기 위해서라도 취미를 하나쯤 갖는 편이 좋다. 취미를 갖는다는 것은 단순히 무언가 소일거리를 하는 데 그치지 않는다. 취미를 통해 관심사가 비슷하면서도 정서적 교감을 나눌 수 있는 인간관계가 새로이 만들어지기도 하고, 사물이나 현상에 대한 이해의 폭이 넓어지고 깊이도 깊어지게 된다. 더군다나 평생을 헌신했던 업業과는 결이 다른 취미를 영위함으로써, 그동안 몰랐던 나 자신의 능력이나 취향을 파악하게 된다.

단언컨대 나이가 들고 나면 취미가 있는 사람과 아닌 사람의 생활의 질은 크게 차이가 나게 된다. 예전부터 즐기던 취미를 늘어난 여유 시간을 활용해 더욱 심화시켜도 좋고, 전혀 새로운 것을 시도해도 좋다. 앞으로의 인생을 더욱 빛나게 만들기 위해, 평생 함께 할 만큼 꾸준히 이어나간다면 좋을 것이다.

개중에는 '좋아하는 일을 못 찾겠다'며 좀처럼 첫 발을 내딛지 못하는 사람도 있다. 요즘은 본격 고령화 사회를 맞아서, 동네 곳곳에 무료 혹은 아주 저렴한 비용으로 참여할 수 있는 다양한 취미 활동을 지원하는 곳이 널려 있다. 하지만 은퇴한 남성 같은 경우 그런 낯선 곳에 불쑥 찾아가 새로운 경험을 하는 것을 오히려 꺼리는 이들이 많다. 이제는 머리로 생각하고 재느라 허비할 시간이 없다. 뭐든 시작하고 보면 된다. 잘 모르는 영역이라도 일단 경험하고 나면, 그것을 통해 새로운 것을 고구마 줄기처럼 엮어갈 수 있다. 시작이 반인 셈이다.

필자는 한때 손뜨개질에 푹 빠져 살았다. 처음에는 책을 보며 시작했는데, 언제부턴가 책만으로는 도저히 이해가 되질 않았다. 결국 뜨개질 솜씨가 프로급이라는 분을 친구에게 소개 받아 배우게 되었다. 그 전까지는 일면식도 없던 분에게 배우기 시작하면서, 그분의 공방에 가서 함께 뜨개질을 했다. 꼼꼼한 가르침 덕분에 쉽게 이해할 수 있었고, 베스트, 스웨터, 카디건까지도 뜰 수 있게 되었다. 뿐만 아니라 좋은 재료를 저렴하게 구하는 법 등 노하우도 여럿 알려주었다. 공방에는 나 외에도 뜨개질을 배우려는 이들이 많이 찾아왔는데, 이전에는 전업 주부로서 사회 경험이 없던 선생님은 소소하지만 새로운 인간관계를 통해 만족스러운 말년을 보내고 있었다.

취미를 가져서 누군가를 가르칠 수 있을 정도가 되면 좋겠다. 심지어 그것이 새로운 업이 된다면 또 다른 성취의 보람도 느낄 수 있을 것이다. 그러나 새로운 경험을 만끽하는 자체만으로 의미는 충분하다.

지인들에게
아름다운 뒷모습으로
기억되고 싶다

훌륭한 스승을 만난다는 것은 인생에서 놓칠 수 없는 소중한 경험 중 하나다.

필자는 아이러니하게도 학창 시절 때보다 취미 생활을 하면서, 인생의 스승이라고 꼽을 만한 분들을 만나 충만한 교류를 나누고 지식만으로는 설명되지 않는 많은 가르침을 얻을 수 있었다. 아마도 지식과 학업이라는 단편적 장면이 아니라 생활의 다면적 장면에서 만난 분들이기에 더욱 그랬던 듯싶다.

꽃꽂이나 다도 같은 분야에서 어느 정도 경지에 오른 분들을 보면, 비단 기능만이 아니라 정신적 수양 면에서도 배울 점이 많다. 물론 명망은 있지만 정작 만나보면 깊이는 부족하고 겉치레에만 신경 쓰는 분도 없지는 않다. 그런데 취미 생활을 할 때의 장점 중 하나는 '배우고 싶은 상대'를 내가 얼마든 취사선택할 수 있다는 것이다. 좋은 스승은 고도의 기술만이 아니라 '정신적인 깊이'가 있는 사람이다. 기능만이 아니라 그 배경에 있는 문화나 사상도 배울 수 있고, 무엇보다 가까이하는 것만으로 향기까지 스며들어 좋은 영향을 주는 사람이다.

필자의 어머니는 평생 꽃꽂이와 다도를 취미 생활로 해오셨고, 종국에는 사범 자격증까지 취득하셨다. 집안 곳곳에는 어머니의 기풍과 품격이 스며들어, 보이지 않게 우리에게 영향을 미쳤던 것 같다.

필자에게 다도를 가르쳐주시던 선생님 역시 좋은 물건을 소유하며 그것을 소중히 다루는 일상의 태도를 강조하셨던 분이었다. 하물며 생명이 없는 물건이라 할지라도 정중함과 배려, 예의를 갖고 대하면, 그런 태도가 나의 삶 곳곳에 배어들게 된다는 걸 알려주셨다. '값싼 물건을 아무렇게나 사용하고 버리는 대신 좋은 물건을 사서 아끼며 사용한다'는 생활관을 갖게 된 것도 그 선생님의 영향이 아닐까 생각한다.

어머니는 암으로 힘겨운 투병 생활을 하는 동안에도 퇴원을 해서 집에서 시간을 보낼 때마다, 조용히 앉아 꽃꽂이를 하시곤 했다. 그 아름다운 뒷모습을 지금도 선명히 기억한다. 나 역시 그런 모습으로 기억되고 싶다.

이왕 시작하는
취미라면
반전의 매력에 빠져본다

필자의 친구 중 하나는 아들 셋이 독립하고 나서, 아들 방 중 하나를 화실로 바꾸고 본격적으로 유화를 배우기 시작했다. 일주일에 한 번은 하루 종일 마음이 흡족해질 때까지 그림을 그린다고 한다.

그 친구와는 가끔 함께 걷기 운동을 하는데, 한참 걷다가도 손가락으로 사각형을 만들어 눈앞에 가져다 대고는 한 폭의 풍경을 잘라내어 그림을 구상하곤 한다. 그런 모습이 생동감 있어 보여 보기 좋다.

그 친구는 운동도 좋아하는 편이어서, 젊어서는 스키를

열심히 탔고 지금은 골프를 즐긴다. 평일에는 골프 연습장에서 연습하다가 주말이면 남편이나 친구들과 라운딩을 즐기곤 한다. '동적인 취미'인 골프와 '정적인 취미'인 그림 그리기, 이처럼 정반대 성격의 취미를 함께 즐기는 것도 생활을 다채롭게 하는 데 도움이 될 듯하다.

한편 치열한 경쟁 사회에서 살아가면서 취미도 어느 새 '제2의 직업'을 찾기 위한 방편 정도로 전락하기도 하는데, 필자는 이에 대해 찬성하지 않는 입장이다. '정'과 '동'의 원리처럼 자신이 반평생 동안 열정을 바쳐왔던 영역과 다른 새로운 취미를 가짐으로써, 미지의 영역을 탐험하는 즐거움으로 삼는 편이 좋다. 괜한 경쟁심에 도발되거나 큰돈을 벌 수 있다는 사행심에 이용되면, 취미가 아니라 고역이 되기 십상이다. 무엇보다 취미가 일이 되는 순간, 즐거움은 상당 부분 날아가고 만다. 미지의 영역을 탐험하는 도전이 또 다른 직업으로 연결될 수 있을 정도로 성숙한다면, 그것은 물론 좋은 기회다. 하지만 반대의 경로로 시작해서는 만족을 얻기도 경지에 오르기도 어렵다.

만약 당신이 사무실에 앉아 서류만 뒤적이는 직업을 갖

고 있다면 정반대의 아주 동적인 취미를 가져볼 만하다. 머리로 하는 일 대신 손으로 하는 걸 해보는 식으로 말이다. 혼자서 깊이 몰두해야 하는 일을 한다면, 여럿이 시끌벅적하게 어울리는 취미를 가져보는 것도 좋다.

하워드 가드너Howard Gardner에 의하면 인간에게는 다중 지능multiple intelligence이라고 해서, 비단 한두 가지 지적 영역만이 아니라 수많은 다양한 방면의 재능이 존재한다고 한다. 그중 몇 가지만 활용하고 인생을 마감한다면 아쉬운 일이 아닐 수 없다. 이제껏 사용해온 것과 전혀 다른 성질의 취미 활동을 해봄으로써, 써보지 않아서 굳어져 있던 영역의 능력을 활성화해보는 것은 여러모로 자극이 되는 일이다.

우르르 몰려다니며
취미 생활은
해봐야 헛것

　　　　　　　　　　　　　　　　무언가를 배우거나 취미 활동
을 시작할 때에도, 꼭 친구들과 함께 하려는 이들이 있다. 말
하자면 친교 활동과 취미 활동을 겸하고자 함인데, 대개 주
객이 전도되어 제대로 취미 활동을 추구하기보다 만나서 수
다 떨고 놀거나 술이나 마시다가 끝나는 경우가 많다. 또 친
구가 사정이 생겨 쉬기라도 하거나 활동을 그만두면, 나도
핑계 삼아 덩달아 그만두게 된다. 모처럼 시작했는데 이유
도 아닌 이유로 그만두게 되면 안타까울 따름이다.

　여행을 가보면 여럿이 갔을 때에 비해 혼자서 갔을 때

더 알찬 경험을 하게 되는 걸 알 수 있다. 물론 언어라든가 여러모로 불편함이 있을 것이다. 하지만 친구라는 방패 뒤에 숨어서 스스로 나서서 부딪치지 않으려 하고, 모종의 이너서클 안에서 끼리끼리 놀다오는 경험만 해서는 '낯선 곳에 나를 놓아버리는' 여행 특유의 경험을 만끽하기 어렵다.

취미 생활도 여행도 마찬가지 원리다. 무모하지만 혼자 부딪쳐보면 뭐든 더 많이 배우게 된다. 뭐든 내가 알아서 해야 하기 때문에, 미리 더 많이 예습하고 준비하게 된다. '아는 만큼 보인다'는 말처럼 미리 준비한 만큼 더 많은 것을 경험하고 체득할 수 있다. 또한 새로운 누군가를 만나서 전혀 새로운 시야를 얻게 될 수도 있다.

중년 이후가 되면 취미 생활이든 여행이든, 우르르 몰려다니며 번갯불에 콩 구워먹듯 하기 쉽다. 배우고 경험하는 것이 우선인지, 아니면 그저 친구들과 어울려 다니는 게 목적인지 불분명하다. 필자의 지인은 친구들과 유럽 여행을 다녀왔는데, 사진만 잔뜩 찍었을 뿐 도대체 뭘 보고 왔는지 하나도 기억에 남지 않는다고 하소연했다.

진정한 공감이나 관점을 나누는 깊이가 없다면, 아무리

여럿이 다녀도 결국 공허함만 남는다. 괜한 그룹 내 당사자들 간의 감정 갈등 따위로 불필요한 에너지를 허비하기도 한다. 그러므로 '누구와 할 것인가'보다 '무엇을 할 것인가'에 초점을 맞춰서 자신의 취미 활동을 설계할 필요가 있다.

내 나이 50에
배우는 기쁨을
알고 나니 더 행복하다

———————————— 요즘처럼 무언가를 배우기 좋
은 시절이 있나 싶다. 책은 전통적으로 진짜 공부에 꼭 필요
한 교과서 역할을 해왔다. 필자도 옛날 사람인지라 뭐든 배
우려고 마음먹으면 우선 책부터 구해 읽게 된다. 지금도 매
일 도서관에 가는 것은 그곳이야말로 새로운 것의 보고寶庫
이자 최전방이기 때문이다.

내게 독서는 '마음의 비타민'과도 같다. 마치 몸에서 윤
활유 작용을 하는 영양소인 비타민처럼, 꾸준히 섭취하지
않으면 눈에 띄지 않아도 중대한 이상을 초래한다. 독서는

특히나 습관의 산물이기 때문에, 하루에 일정한 시간을 정해두고 단 30분이어도 좋으니 느긋이 앉아서 무언가를 읽는 것을 일과로 삼기를 권한다.

나이가 들면서 글씨를 읽는 게 힘들어졌다는 이들도 있다. 눈이 침침해서 뭔가를 집중해 읽기가 어렵다고들 한다. 대개 핑계라고 생각하지만, 그런 이들을 위해 요즘은 오디오북도 많이 활성화되어 있다. 읽는 속도나 목소리까지도 선택해서 들을 수 있다. 무엇보다 운전할 때도 들을 수 있어 편리하다. 팟캐스트나 유튜브 같은 뉴미디어도 꽤나 활용도가 높다. 그야말로 전 세계 언어로 된 수억 개의 지식 컨텐츠가 나의 선택만을 기다리고 있다.

요컨대 관건은 무엇을 취사선택하느냐다. 세상의 온갖 지식을 내 입맛에 맞게 골라 가질 수 있으니, 나 자신이 지식 세계의 큐레이터가 된 셈이다. 그러니 소파에 앉아서 일방적으로 전달되어오는 TV 전파를 받으면서, 볼 게 있느니 없느니 재미가 있느니 없느니 푸념할 필요가 없다.

필자는 지난 7년 동안 매일 오픈과 동시에 도서관에 들어가 1~2시간 보내는 것을 일과로 삼고 있다. 특히 관심을

둔 작가나 테마에 대해 '집중적으로' 읽는다. 돈도 들지 않는 진짜 공부다. 젊은이들이 백색 소음이 있는 카페에서 공부해야 능률이 더 오른다고 하는데, 나 역시 집에서보다 도서관에서 책을 읽을 때 집중력이 더 높아지는 것 같다.

집중적으로 책을 읽고 나서는 그와 관련해 관람할 동영상 자료들을 서치 해둔다. 영화나 드라마, 짤막한 다큐멘터리 등을 감상하고 나면, 책으로 접했던 지식이 입체적으로 구체화되는 기분이 든다. 때로 마치 여행을 가기라도 한 듯, 짜릿한 현장감을 느낄 때도 있다. 걷기 운동을 할 때에는 관련 팟캐스트 등을 찾아두었다가 듣는다. 들으면서 배우는 것 또한 쏠쏠한 재미다. 덧붙여 운동까지 할 수 있으니 일석이조다.

뭐든 어느 정도 경지에 오르기 전에는 힘들고 지루하고 재미없다. 악기를 배워본 사람이라면 그 기분을 잘 알 것이다. 단순한 음계를 반복하면서 지루할 정도로 오랫동안 초보 시절을 보내야 한다. 많은 사람이 이 과정에서 떨어져나간다. 무슨 일이든 즐길 수 있게 되려면, 노력하고 고생하는 단계가 있어야 하는 법이다. 몇 번이고 어려운 일을 극복한

후에야 달성이나 성공, 칭찬, 수상 같은 좋은 결과가 따라온다. 그랬을 때라야 비로소 '즐거움'을 느낄 수 있다. 지식의 세계도 그렇다. 무언가를 시작할 때에는 그저 지루하고 막연하고 막막하다. 하지만 하나하나 배우고 터득하면서 목표를 달성해가다보면, 그 끝에는 남들이 절대 알 수 없는 지식의 즐거움이 기다리고 있다.

6장

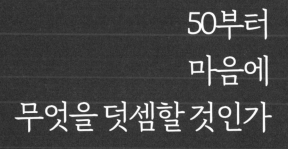

50부터
마음에
무엇을 덧셈할 것인가

50

CHANGE
MY LIFE

삶에서 생겨나는 많은 불행들은 실상 마음이 만들어내는
조화에 가깝다. 아껴주며 사랑하기에도 부족한 시간에 과
거에 얽혔던 감정의 응어리 때문에 미워하고 원망하게 되
고, 오지도 않은 미래에 대한 걱정과 불안에 사로잡혀 가능
성을 갉아먹고 자신을 괴롭히기도 한다. 이렇듯 마음이 일
으키는 풍파에 속수무책으로 당하지 않으려면, 마음이 잘
자라도록 잡초는 없애고 거름을 줘야 한다. 마음을 풍성하
게 '덧셈'하는 게 앞으로의 가장 중요한 일이다.

50이 넘으면
마음이 금방 밖으로
드러나니 조심할 것

슬픈 얘기지만, 나이가 들면서 사람들이 대개 두 유형으로 나뉘는 듯하다. 괴팍하고 고집 센 '이기주의자'와 배려하는 마음과 공감능력을 보여주는 '박애주의자' 타입이다. 본래 저마다 갖고 있던 성격이 더 극단화되고 강화되어 나타난다.

나이가 들면서 '내가 해봐서 안다'는 자신감과 아집, '내가 누구인데 감히!' 하는 자만심과 노여움이 결합되면, 누구도 말릴 수 없는 심술쟁이가 되기도 한다. 그리고 그런 사람의 시야로 보는 세상은 온통 도둑놈, 협잡꾼, 바보들만 사는 곳이 된다. 그 안에 살아야 하니, 스스로가 지옥 속에 자신을 가둬놓은 것이나 다름없다.

어린 시절에 누구나 읽은 찰스 디킨스의 명작《크리스마스 캐럴》을 보면, 스크루지 영감이 나온다. 사회적으로 성공한 사업가이자 어마어마한 부자인 그는 세상의 모든 것이 불만이다. 심지어 크리스마스조차 증오한다. 돈도 능력도 없는 것들이 쓸모없는 명절을 만들어 흥청망청 논다는 이유다. 크리스마스 이브 밤에 그는 미래에서 온 3명의 유령을 만나 자신이 남들에게 어떻게 비치는지 보게 되고, 그 결과 개과천선하여 좋은 사람이 된다.

50이 넘으면 마음이 쉽게 흘러넘쳐 금세 밖으로 드러난다. 젊어서는 예쁜 얼굴이나 위장된 미소로 가릴 수 있던 것도 처참하게 세상에 까발려진다. 그래서 나이가 들면 자기 얼굴에 책임을 져야 한다고 말한다. 마음에 있는 것이 고스란히 얼굴로 드러나기 때문이다.

누구나 은퇴 후에는 얼마나 돈이 있어야 하는지 신경 쓰고, 통장 잔고가 부족하면 초조해한다. 그러나 마음의 통장 잔고에 대해서는 잘 생각하지 않는다. 긍정적인 감정들이 플러스 재정이라면 부정적인 감정들은 마이너스 재정이다. 플러스 재정을 늘리고 간혹 생겨나는 마이너스 재정은 순간적인 손실 처리로 떨어내야, 마음의 통장을 늘 풍성한 상태로 유지할 수 있다. 마음의 통장 잔고가 메마르면 세상을 향해 내뿜는 감정이 부정적이고 사악해지기 쉽다. 그리고 그렇게 내가 투사한 감정은 고스란히 다시 내게도 반사되어온다.

타인에게 투사하는 감정들 대부분은 깊이 들어가면 나 자신을 향한 것이기 쉽다. 분노, 경멸, 혐오 같은 감정은 다른 사람들이 꼴 보기 싫은 짓을 했기 때문에 표출되는 것이 아니라, 나 자신에 대해서 평소 그런 감정을 품고 있기 때문에 튀어나온다. 자신의 마음을 잘 들여다봐주고 토닥여주고 시들지 않게 잘 가꿔줘야 한다. 또한 재테크에 대해 공부하듯이, 자신의 마음을 잘 알기 위한 공부도 열심히 해야 한다. 마음을 돌보는 데 실패하면, 인생 말년에 큰 낭패를 보게 된다. 나쁜 아니라 주변의 많은 사람들을 오염시켜 불행하게 만들 수도 있다.

6장. 50부터 마음에 무엇을 덧셈할 것인가

마음을 덧셈하기 위해
불필요한
인간관계를 버리자

50이 넘으면서 물건은 최소로 소유하는 것이 좋다. 그러나 마음은 더 다양하고 풍성하게 가꾸는 편이 좋을 것이다. 그런데 밭농사를 지을 때처럼, 마음을 잘 가꾸기 위해서는 우선 뒤죽박죽되어 있는 감정의 고랑 정리를 해서 농사 준비를 잘 해둘 필요가 있다.

무슨 얘기냐. 내가 제어할 수 있는 것은 풍성하게 잘 자라도록 구역을 나누어 가꾸어주되, 내가 제어할 수 없는 잡스러운 감정들은 가지치기를 하거나 뿌리를 뽑아서 제거해줘야 한다는 말이다. 마음을 심란하게 만드는 것은 과감히 정리하는 것이 좋다. 좋은 감정만으로 살기도 아까운 시간에 괜한 데 마음을 허비할 필요가 없다.

그러기 위해서 쳐내야 하는 것 중 하나가 '무거운 인간관계'다.

만나면 스트레스만 쌓이고 내가 건강하게 살아가는 데 도움이 되지 않는 관계는 잘라낸다. 세일즈나 마케팅 종사자들은 자기가 원치 않아도 스트레스를 유발하는 다양한 인간 군상들과 만나고 부딪혀야 한다. 비단 그들뿐 아니라 우리는 학창 시절이나 회사 생활, 심지어 이웃한 아파트 부녀회나 친족 행사 등에서 원치 않는 관계를 억지로 유지해야 한다는 부담감을 안고 살아왔다.

사람들 중에는 조종manipulation 능력이 뛰어나 자기가 원하는 대로 상대의 감정을 자유자재로 다루는 유형의 감정 흡혈들이 있다. 이들은 부정적인 감정을 전염시키고 죄책감이나 열등감 같은 감정을 유발시켜 자기에게 유리하게 상황을 끌고 가는 재주가 뛰어나다. 이들에게 걸려들면 대개의 평범한 이들은 그 손아귀에서 손쉽게 놀아난다. 이들은 대개 여러 사람들과 관계를 맺고 주인공이 되고 싶어 하는 드라마 퀸의 성격도 갖고 있어, 막강한 인맥을 자랑하며 그 바

6장. 50부터 마음에 무엇을 덧셈할 것인가

운더리에 끼지 않으면 안 될 것 같은 불안감을 조성한다.

50부터는 휴대폰의 수많은 연락처나 명함첩에 그득한 지인들, 자랑할 만한 인사들과의 교분 같은 것이 점점 필요 없어진다. 상당 부분 내게 도움이 되기는커녕 불필요한 잡음만 만들어내는 관계들이다. 특히나 누군가 혹은 무언가에 휘둘리고 있다는 초조한 마음이 든다면, 서둘러 그런 해로운 인간관계를 정리해야 한다. 끊어내기가 쉽지 않을 것 같지만, 인간은 누구나 자기 자신의 일에 골몰하느라 남에게 별로 관심이 없는 법이다. 시도해보면 정말 허무할 정도로 쉽게 끊어낼 수 있다는 데 놀라게 될 것이다.

또 하나 골라내야 하는 감정의 고랑은 '타인에 대한 과도한 기대'다.

이 역시 내가 어쩔 수 있는 것이 아니다. 기대는 그저 내 마음에 품고 있는 희망사항일 뿐, 상대를 움직이고 변화하는 힘이 없다. 나는 내 마음만 표현하면 된다. 그 다음에 상대가 어떻게 할지는 그 사람의 몫이다.

특히 배우자나 자녀에 대해 과도한 기대를 품기 쉽다. 하지만 이제 충분히 경험했지 않는가. 사람은 내 마음대로 변화시킬 수 없다. 쉽사리 변하지도 않을뿐더러 대개의 기대는 그저 내 일방의 생각일 뿐이다.

관계를 내려놓고 기대를 내려놓으면, 어깨를 짓누르던 무거운 감정들로부터 벗어나 홀가분해질 수 있다. 깨끗하게 비워진 홀가분한 마음 안에 나를 풍성하게 해줄 좋은 감정들을 채우면 된다.

6장. 50부터 마음에 무엇을 덧셈할 것인가

앞뒤 재지 말고
현재의 감정에
충실해보라

———————————————— 현재에 온전히 집중하고 충실
해지는 것! 이것이 감정을 풍성하게 하는 가장 좋은 방법이
다. 그런데 제대로 실천하기가 정말 힘들다.

얼마나 많은 생각이 과거에 묶여 있는가. '그때 집을 살
걸', '나를 배신한 그 인간이 잘 살고 있다니', '내가 그 녀석
한테 밀려나서 승진에 물을 먹었지', '내가 자기한테 얼마나
잘해줬는데, 그 공은 다 어디를 가고…'. 과거에 성취하지 못
했던 것에 대한 후회, 미숙하고 나약했던 모습에 대한 죄책
감, 타인과의 관계에서 경험한 상실감 같은 수많은 감정들

이 현재의 나를 사로잡고 있다. 심지어 생각이 꼬리에 꼬리를 물고 이어져, 현재에 아무 일도 벌어지지 않았는데도 머릿속으로는 수많은 사건들이 모래성처럼 쌓아졌다가 허물어지곤 한다.

과거만이 아니다. 미래도 우리의 감정을 인질 삼아 수많은 놀음을 한다. 아직 오지도 않은 것을 두고 걱정하고 불안해하느라 마음이 피폐해지고 힘겨워진다. 생각해봐야 소용없다는 걸 알지만, 그게 마음대로 되질 않는다.

이처럼 과거나 미래에 사로잡힌 감정을 되찾아올 수 있는 가장 좋은 방법은 현재에 온전히 집중하는 것이다. 그리고 현재 느끼는 감정을 가능한 한 선명하게 표출하고 경험하며 만끽하는 것이다.

흔히 어떤 상황에서나 잘 웃고 울고 감정 표현이 풍부한 사람을 일컬어 '실없는 사람'이라고들 한다. 나이가 들면 근엄함 같은 게 필수 덕목인 듯 받아들여져서, 입 꼬리를 내려깔고 짐짓 점잔을 떨어야 체통이 있어 보인다고 한다. 그런데 이제부터는 일부러라도 실없는 사람이 될 필요가 있다. 체면 같은 것은 건강한 마음을 가꾸는 데는 하등의 필요가

6장. 50부터 마음에 무엇을 덧셈할 것인가

없는 것이다.

'말을 하거나 웃을 때 윗니가 더 많이 보이면 아직 젊은 것이고, 아랫니가 더 많이 보이면 이제는 나이 든 것이다!' 라는 얘길 듣고 무릎을 친 적이 있다. 아랫니가 더 많이 보인다는 것은 볼 근육이 탄력을 잃고 처져서 긴장감을 잃었다는 걸 말한다. 단순히 얼굴이 노화됐다는 뜻만이 아니다. 잘 웃지 않고 언제나 과거에 대한 후회와 미래에 대한 걱정, 그리고 엄숙주의에 사로잡혀 볼 근육을 사용하지 않기 때문에 그렇게 된다. 흥미롭게도 정치인, 공무원, 법조인 같은 이들이 이른 나이부터 유독 아랫니가 많이 보인다. 감정을 표현하는 게 금기시되고 남들에게 권위 있어 보여야 하기 때문은 아닌가 생각한다.

간혹 거울을 들여다보며 활짝 웃는 연습을 해본다. 아침에 세수를 하면서, 거울 속 나 자신을 위해 세상에서 가장 환한 미소를 지어 보인다. 때로는 '자, 오늘도 매 순간 이 기분을 잃지 않는 거야!' 하고 스스로에게 다짐하기도 한다. 흔히 말하는 꼰대가 되지 말고, 무엇이든 능동적이고 적극적으로 참여하면서 그 순간에 느껴지는 감정을 맘껏 표현하는 그런 어른이 되자고 말이다. 고마울 땐 고맙다고 미안할 땐 미안하다고 말할 수 있는 어른, 재밌을 땐 어린애처럼 깔깔대고 웃고 슬플 땐 아낌없이 눈물을 흘릴 수 있는 감정이 살아 있는 사람이 되자고 말이다.

스트레스와 싸우지 않고
사이좋게
지내는 법

인간관계, 일, 돈, 가족, 건강…

나이가 들면 걱정도 늘어서, 일상이 스트레스로 가득 차 있다고 해도 과언이 아닐 듯하다. 스트레스는 대개 불안이나 걱정 때문에 생겨난다.

조금 버거운 도전 과제를 만나 적당한 긴장감을 느끼는 상태는 스트레스라고 보기 힘들다. 이런 유형의 스트레스는 회피하지 않고 정면 대응해 이겨냈을 경우, 자존감과 함께 성취 의욕이 높아져 좋은 결과를 만들어낸다.

그런데 아주 작은 스트레스 상황에서도 이를 돌파하거

나 정면 대응하지 않고, 도피 등의 기제로 피하려고만 하거나 과도하게 압도되어 심리적으로 허약해지기도 한다. 이른바 교감 신경계의 기능이 저하되어 작은 일에도 심하게 압박감을 느끼고, 필요 없는 것에 대해서까지 걱정하고 염려하는 불안 장애로 이어진다.

물론 스트레스를 피할 수 있다면 가장 좋을 것이다. 원흉을 근절해서 애초에 생겨나지 않도록 하면 최상이다. 하지만 스트레스가 스트레스인 이유는 그것이 불가능하기 때문이다.

흔히 걱정의 40%는 절대 일어나지 않을 일에 대한 것이고, 30%는 이미 일어나서 바꿀 수 없는 일에 대한 것이며, 22%는 걱정할 필요도 없는 사소한 것에 대한 것이라고 한다. 실제 나 자신의 힘으로 바꿀 수 있는 걱정은 단 4%밖에 안 된다고 한다. 그러니 걱정과 불안이라는 감정을 증폭시킨다고 해서 아무것도 해결되지 않는다는 것을 스스로 인식할 필요가 있다. 스트레스가 오면, '아, 왔구나~' 하고 알아차려주는 것, 그것이 아무것도 아니고 내가 어찌할 수 있는 것도 아니라는 것을 인정하는 것이 첫걸음이다. 이것만 해도 마음은 많이 진정된다. 이것이 바로 명상을 통해 우리가 얻고자 하는 마음의 평온 상태다.

그 외에도 스트레스와 사이좋게 잘 지내기 위해 필요한 생활의 스킬이 여럿 있다.

첫째, 전혀 다른 일, 예를 들어 취미 같은 것에 몰두함으로써 부정적인 감정에 잠식되지 않도록 한다.

둘째, 운동을 해준다. 운동은 두뇌에서 우리를 의욕적으로 만들어주는 도파민과 행복 물질인 세로토닌이 분비되게 해주므로 즉각적인 스트레스 해소 방법이 되어준다.

셋째, 기분이 좋아지는 일, 예를 들어 목욕이나 산림욕 같은 것을 해줌으로써 몸과 마음을 편안하게 해준다. 잔잔한 음악을 듣거나 가벼운 명상을 해주는 것도 도움이 된다.

끝으로 스트레스 상황에서도 계획된 대로 규칙적으로 생활하는 것을 잊지 않는 것이 좋다. 고민에 빠져서 괜히 하루 종일 아무것도 하지 않고 집안에만 틀어박혀 있거나 끼니를 거르거나 심하게 음주를 하는 등 생활 리듬이 깨지면 또 다른 스트레스를 유발하게 된다.

심한 경우 스트레스를 사서 만들어내고 습관처럼 쌓아두는 사람도 있다. 면역력이 떨어지면 질병에 쉽게 걸리듯이, 스트레스를 무심히 대처하지 않고 특별 대우해서 괜히 더 키우지 않는 것이 좋다. 살아가는 이상 누구에게나 생겨나는 당연한 일이며, 대개 불필요한 것이고, 시간이 흐르면 지나간다는 것을 이해한다면, 스트레스와 사이좋게 지내는 일도 어렵지 않다.

50부터는 내편, 네편
의미 없다는 걸
깨닫는 게 중요

저마다 마음의 동심원이라는 것이 있다. 잔잔한 호수에 돌멩이를 던지면 파동이 서서히 동심원을 그리며 퍼져나간다. 돌멩이와 가까운 곳은 더 촘촘하고 강하게 원이 그려지지만, 그곳으로부터 멀어지면 더 띄엄띄엄 희미하게 원이 그려진다. 원은 더 커지지만 미치는 힘은 약하다.

인간관계라는 것도 그렇게 보면 어떨까 생각한다. 동심원이 많이 겹치는 사람이 있고, 끄트머리에서만 희미하게 만나는 사람도 있다. 소울 메이트처럼 나와 똑같은 동심원을 가진 사람을 만날 수도 있다. 물론 그런 일은 매우 드물다. 단지 서로 영향을 주고받으며 인간으로서 성숙한 교분을 이어갈 수 있다면, 그것만으로도 충분히 감사할 일이 아닌가 한다.

어떤 관계는 마음이 대체로 맞지도 않는데, 필요에 의해서 억지로 끼워 맞춰져서 유지된다. 또 어떤 관계는 일방적인 짝사랑처럼 되어버려서 한쪽만 과도하게 주고 다른 쪽은 받기만 하게 되기도 한다. 그런 관계가 마음에 들지 않는다면, 정리하는 것이 좋다. 만날 때마다 분통이 터지고 화가 나고 억울하면, 그런 관계는 오히려 마음의 독이 되기 때문이다.

그런데 역설적으로 '딱 그 정도의 관계'라는 것을 인정하고 받아들이면, 오히려 마음이 가벼워진다. 마음은 잘 맞지 않고 가치관이나 의견도 판이하게 달라서 만날 때마다 이해할 수 없다고 생각하는 관계도 있을 수 있다. 그런 점에 대해서는 기대를 버린다. 어차피 저 사람과는 그 방면에선 기대를 하지 않았으므로, 바꾸려고 노력할 필요도 없다. 대신 다른 영역에선 배울 점이 많을 수도 있다. 모든 것이 맞아야 하는 관계란 없다. 취할 것은 취하고 버릴 것은 버리면 된다.

때로 '지나치게 가까운 관계'를 맺게 됨으로써 오히려 우정에 금이 가게 되는 경우도 있다. 늘 붙어 다니고 서로 다른 사람 흉도 보고 불평불만을 늘어놓는 사이에, 단짝처럼 뗄 수 없는 *끈끈한* 관계가 된다. 그러다가 인생에서 불가피한 변화를 맞게 되면, 생각지도 않은 영역에서 트러블이 생겨난다. 가족이 아프거나 경제적으로 힘들어지거나 몸의 변화 등으로 예전처럼 지낼 수 없게 될 수도 있다. 아무리 친구라 해도 감추고 싶거나 모른 체 해주었으면 싶은 일도 있을 수 있다. 이때 친한 친구라는 이유로 상대가 원하지도 않는 친절과 배려를 베풀려고 하면, 마치 누군가가 흙 묻은 발로 성큼성큼 내 공간에 침범하는 것 같은 불쾌함과 부담감으로 다가올 수도 있다.

아무리 친한 인간관계여도 침범하지 말아야 할 영역이 있다. 그곳에 누군가 들어오려고 하면 누구라도 뒷걸음질 치고 방어벽을 세우게 된다. 두 개의 동심원이 같은 주파수를 뿜으며 너무 가까이 충돌하면, 두 파동이 모두 깨지고 마는 원리다. 그러므로 적당한 거리를 유지하며, 상대의 공간을 인정해주는 관계의 기술이 필요하다.

때로 멀고도 느슨한 듯 편안한 관계가 위안을 줄 때도 많다. 필자와 15년째 걷기 운동을 하는 친구와의 관계가 그렇다. 우리는 주 1~2회 정도 걷기 운동만 함께 한다. 집이 가까워서 '나 지금 운동하러 나가' 하고 어느 한쪽이 문자를 보내면, 시간이 되면 같이 걷고 안 나가도 아무 문제가 되지 않는다. 운동하면서 시시껄렁한 신변잡기로 가벼운 얘기만 주고받는다. 심각한 얘기나 고민거리도 내놓지 않고 잡담만 한다. 서로의 가정사에 대해서도 일절 모른다. 운동이 끝나면 갈림길에서 헤어져 집으로 돌아온다. 서로 이 정도가 딱 좋은 관계라는 걸 잘 알고 있다. 그리고 그런 관계가 너무 좋다. 약속도 없고, 속박도 없고, 서로에 대해 신경 쓰지도 않는다. 하지만 함께 있으면 즐겁다.

잘난 척 없이
고독을 나눌
친구 하나면 충분하다

———————————— 한 번은 볼일을 보고 시간이 애
매해서 번화가 식당에서 혼자 저녁을 먹게 되었다. 옆 테이
블에 앉은 중년 남성 넷이 술잔을 기울이며 이런 저런 얘기
를 왁자지껄 나누고 있었다. 혼자라서 본의 아니게 그 테이
블의 얘기를 듣게 됐는데, 속으로 쓴웃음을 지을 수밖에 없
었다. 이들은 경쟁이라도 하듯이, 자신이 아는 지인이 얼마
나 더 훌륭한지 너스레를 늘어놓고 있었다. 돈을 얼마나 벌
었으며 건물을 몇 채 가지고 있고, 얼마나 높은 지위에 올라
수많은 사람들을 호령하는지에 대한 얘기들이었다. '친구들

끼리도 어쩔 수 없이 저렇게 허세를 부리는 구나' 하고 씁쓸했던 기억이다.

흔히 잘나가다가 사업에 실패하거나 가정이 깨지거나 경제적으로 궁핍해졌을 때, 누가 진짜 친구인지 알게 된다고들 한다. 친한 친구라고 하면서 정작 시기 질투를 하고 이간질을 하는 데 열을 올리는 사람도 있다. 상대만 나무랄 일이 아니다. '사람 좋다'는 말을 듣기 위해서 혹은 '남들이 부러워하는 삶을 살고 있는 척'하기 위해서, 내가 아닌 다른 가면을 쓴 채 인간관계를 맺어온 것은 아닌지 생각해볼 필요가 있다.

상대 앞에서 온전히 나 자신일 수 없다면, 진짜 친구라고 할 수 없지 않을까. 내 생각을 확실히 말할 수 없고 비위를 맞추거나 수준을 따라가려고 억지로 위장해가며 만나는 관계는 아무리 많아도 얕디얕은 표피적 친교일 수밖에 없지 않을까. 만나면 만날수록 스트레스만 생겨나는 관계가 되지 않을까.

지성이 없는 사람, 허세만 가득한 사람, 겉과 속이 다른 사람, 다른 사람의 기분을 헤아리지 못하는 사람은 더 이상 우

6장. 50부터 마음에 무엇을 덧셈할 것인가

정이라는 이름으로 만날 필요가 없다. 그런 사람과 같이 지내는 것은 시간 낭비, 에너지 낭비일 뿐이다. 만약 친구라는 이유로 그런 관계를 지속해왔다면, 과감히 끊어버리자. 인간관계에서 빚어지는 쓸데없는 소모전으로 나를 괴롭힐 필요가 없다. 그런 우정이라면 차라리 없어도, 그냥 나 혼자라도 상관없다.

또한 진짜 교감할 수 있는 친구가 있다면, 그의 앞에서는 '있는 그대로의 나 자신'을 얼마든지 드러내도 좋다. 부끄러운 모습까지도 드러낼 수 있다면, 그리고 그런 모습까지 서로 포용할 수 있다면, 그런 관계가 주는 위력은 보석과도 같다. 돈이 없거나 마음이 피폐해졌거나 흉사가 생겼거나 형편이 안 좋아져도 있는 그대로 보여줄 수 있다. 나의 모습을 있는 그대로 보여주면, 마음도 행동도 편안해진다. 있는 그대로의 나를 드러냈을 때 비난하는 사람이 있다면, 그 친구 관계는 당장 끝내는 편이 낫다.

이젠 부질없는 말,
'내가 너를
얼마나 믿고 의지했는데…'

—————————— 친한 친구의 부모님이 돌아가
시는 일은 중년의 나이에는 일상이 된다. 모두가 죽는다고
하지만 가까운 사람의 죽음은 저마다에게 특별하고 저만의
무게를 지닌 힘겨운 경험이다. 배우자나 부모 등 가족이 난
치병으로 투병이라도 하게 되거나, 친구 자신이 몸이 아파
서 힘들어질 수도 있다. 정말 좋은 친구라면 그저 묵묵히 안
아주고 곁을 지켜주고 혹시나 도움을 요청하면 최선을 다해
돕기 위해 노력할 것이다. 섣부르게 '네 기분 나도 알아'라거
나 '그럴 땐 말이지' 하면서 오지랖을 떨지 않는 것도 이 나

이에 터득해야 할 공감의 능력 중 하나다. 친구 사이라도 상황과 때에 따른 거리감각은 중요하다.

인간관계가 틀어졌을 때, 으레 '내가 너를 얼마나 믿고 의지했는데…' 하고 말하는 이들이 있다. 결국 관계가 틀어진 것은 내가 상대에게 과도하게 의지했고 믿었기 때문이다. 또한 상대가 이만큼 해주기를 바랐는데, 기대만큼 해주지 못하기 때문이다. 원망과 서운함이 밀려든다.

그런데 내 인생조차 내 힘으로 마음대로 할 수 없는 것이 세상 이치다. 하물며 친구라 해도 나를 위해 해줄 수 있는 일은 그리 많지 않다. 나 역시 다른 이를 위해 할 수 있는 일에 한계가 있다. 누구나 저마다 몫의 '인생의 짐'을 지고 걸어가야 한다. 내가 결정한 일에 대해 스스로 책임지고, 그 결과에 대해서도 인정해야 한다. 설령 원치 않는 결과가 나오거나 내 노력을 배신한 불의의 사건이 생긴다 해도 어쩔 수 없다. 때론 선한 사람에게 나쁜 일이, 악인에게 좋은 일이 생기기도 한다. 그것이 인생이다.

그러므로 좋은 우정을 유지하기 위해서라도 서로 감정적으로 유대하고 아껴주지만, 의존하지는 않는 마음가짐이 필요하다. 나는 가족끼리도 어느 정도 이런 마음가짐이 필요하다고 생각한다.

대개 곁에서 지켜보면서 하소연을 들어주는 것이면 충분하다. 어디까지 하소연해도 되는가에도 모종의 거리감각이 필요하다. 심란한 얘기든 자랑스러운 얘기든, 다른 사람이 들어줄 수 있는 한계치가 있다. 때로는 정말 아끼는 누군가를 위해서, 내 마음 속 깊은 상처를 오롯이 혼자서 감내해야 할 수도 있다. 나이를 먹을수록 '누구에게나 저마다의 힘든 일이 있다'는 걸 지금까지와는 훨씬 더 강한 무게감으로 머릿속에 새겨두어야 한다. 행복과 기쁨을 떠벌리는 것으로 혹은 내 상처를 이겨내겠다는 생각에 과도하게 호소하는 것으로, 누군가에게 아픔을 줄 수도 있다는 말이다. 게다가 말을 한다고 상대방이 모두 다 이해해줄 수 있는 것도 아니다. 어떤 말들은 듣는 사람까지 덩달아 힘들어지게 한다. 행복과 슬픔 모두 온전히 개인적인 일로 받아들이고, 성숙하게 스스로 감내하는 것이 좋다. 아끼는 사람과의 사이에 두어야 할 거리감각은 더 중요하다.

장례식은
시간될 때가 아니라
꼭 참석해야 하는 이유

어른들에게 '결혼식이나 돌잔치 같은 경사에는 반드시 참석하지 않아도 되지만, 장례식 같은 애사에는 반드시 가라'는 얘기를 종종 들었다. 무슨 이야기인가 싶었는데 내가 당해보니 그 이치를 알 것 같다. 힘들고 아프고 외로울 때, 그리고 그 순간 누군가를 필요로 할 때 곁에 있어주는 것이 진정한 인간관계의 힘이라는 것을 말이다.

한 번은 아주 가깝지는 않은 지인의 가족 장례식에 참석하게 되었다. 집에서 조촐하게 치른 장례식이었는데, 고인이 갑작스레 돌아가신 터라 조문객이 많지 않았다. 상주인 지인 역시 그런 종류의 일을 처음 경험하는 탓에 경황이 없어 당황한 기색이 역력했다. 가족도 별로 없어서 일손도 많이 부족해보였다. 본래 잠깐 조문만 하고 오려고 했지만, 특별히 다른 일정이 없었기에 꽤 긴 시간을 내서 이런 저런 허드렛일도 돕고 자리를 지키며 다른 손님들을 안내하는 일을 자청했다. 어느 정도 정돈이 된 다음에 지인과 인사를 나누고 집으로 돌아오려는데, 손을 맞잡은 지인의 눈가가 촉촉해지며 더없이 감사함을 표했다. 필자 역시 그 마음을 잘 알기에 공감한다는 의미로 가볍게 포옹하며 등을 토닥여주었다. 그 후로 우리의 관계는 한층 깊어졌다.

살아가는 과정에서 형식적으로 거치는 것처럼 보이는 수많은 리추얼ritual들에는 저마다의 의미가 있다. 장례식의 경우 바쁘게 손님을 치르고 사람들과 고인과의 추억을 얘기함으로써, 슬픔을 승화시키고 이겨낼 수 있는 힘이 생겨난다. 저마다 믿는 종교 형식에 따라 절을 하거나 기도를 하거나 노래를 부르면서, 마음속에 응어리졌던 감정들이 풀어지고 녹아내린다.

그런데 비단 주최자들만 그런 경험을 하는 게 아니다. 때로 참석자들도 감정적으로 성숙해지고 충만해지는 경험을 하게 된다. 바로 공감함으로써 느끼는 성숙함이다. 타인의 입장이 되어 생각해보고 느껴보는 것은 원숙한 인간관계를 맺는 데 중요한 바탕이 되어준다. 그러기에 나이가 들수록 어떤 종류의 애경사에 참석하든, 형식적인 참석에 그치지 않고 함께 공감할 만큼 제대로 참여하는 태도가 필요하다고 생각한다.

요즘은 애경사도 많이 축소되어 정말 진심으로 참여해줄 사람만 초대하는 추세다. 필자는 꽤 오래 전부터 잘 알지도 못하는데 형식적으로 참석해야 하는 자리엔 가지 않았다. 부의금을 송금한다든지 지인 편에 보내면 그만이다. 반면 꼭 참석해야 하는 자리에는 정시에 가서 자리를 지키고 앉아 처음부터 끝까지 온 마음을 다해 참여했다. 내가 좋아하는 제자나 후배들이 결혼 서약을 하고 행진을 하면, 주책없이 눈물이 나곤 한다. 그들을 아끼는 나의 마음이 한껏 배어나오는 순간이어서, 마음 속 감정의 꽃이 새로운 색깔을 띠며 활짝 피어나는 기분이다.

연말연시, 명절에
선물 하지 않으면
어때!

──────────── 때가 되면 형식적으로 선물을
주고받는 풍습은 없어져야 할 악습이라고 생각한다. 상대에
대해 배려하지 않고 일률적으로 찍어낸 듯 가격대별로 등
급이 매겨진 선물을 받으면, 왠지 나도 그 선물에 따라 등급
이 매겨져 있는 것 같아서 기분이 좋지 않다. 그래서 혹여나
선물을 보낸 곳이 있으면 돌려보내거나, 다음부터는 보내지
마십사 하고 정중히 부탁한다. 다행히도 요즘에는 거래처라
든가 교사나 공무원 등에게 무작정 선물을 돌리는 관행이
많이 줄어들고 있다.

명절에 선물꾸러미를 들고 친척 집을 순회하는 일도 요즘에는 보기 드문 풍경이다. 명절이라고 예전처럼 왁자지껄 친척들이 모여들지도 않지만, 웬만하면 가족끼리 조촐하게 보내는 걸 선호하기에 그렇다. 누군가는 각박해졌다고 할지 모르지만, 바람직한 방향이라고 생각한다.

　연말연시나 명절 선물을 얼마나 많이 받느냐는 당신의 사회적 지위나 사람들의 존경, 가치를 나타내지 않는다. 만약 그런 선물을 많이 받는 지위에 있다면 오히려 내 지위로 인해 신세 지고 싶어 하는 사람이 많다니 부담스럽다고 여겨야 한다. 당장에 선물에 상응하는 대가를 요구하지는 않겠지만, 궁극적으로는 준 만큼 돌려받고 싶어 하는 것이 인지상정이다.

　그러다가 퇴직을 하거나 사회적 지위를 잃어서 갑자기 선물이 줄어들면, 크나큰 상실감으로 다가오기도 한다. 남성들 중 고위공무원 등에서 퇴직한 이들이 급격히 노화하거나 심지어 퇴직 후 몇 년 사이 사망하는 확률이 높다고 한다. 이들을 병들게 하는 것이 바로 이러한 상실감이다. 주변 사람들이 떠받들어주며 추앙하는 느낌 속에서 구름 위를 거닐 듯 과대포장 되어 살아오다가 현실이라는 콘크리트 바닥에 에어백도 없이 추락하게 되는 셈이다. 그러니 선물을 많이 받는 것을 당연시하지 말고, 나를 온실 속 화초로 길들이는 잘못된 시그널일 수도 있다고 경계할 필요가 있다. 가급적 주고받지 않는 것을 습관화하면 좋겠다.

정말 주고 싶은 사람에게 꼭 선물을 해야 할 때도 있을 것이다. 필자는 그때에도 가급적 현금을 주는 게 제일 좋다고 생각한다. 하지만 때로 성의 없다고 여겨질 수도 있다. 그럴 때는 누구라도 사용할 수 있는 생활용품 등을 선물하되, 나라도 정말 갖고 싶은 것을 고르기를 권한다. 아주 좋은 것으로 소량 선물한다. 옷이나 장신구, 액세서리 등 취향이 많이 개입되는 물품은 상대를 정확히 파악하지 못하는 한 별로 권하고 싶지 않다.

이제까지 필자가 받은 것 중 가장 센스 있다고 생각한 선물은 행주 두 다스(24매)였다. 일류 브랜드가 만든 품질이 좋은 고급 제품이었다. 평소에 나도 사고 싶던 것인데, 값이 만만치 않아서 망설였었다. 지금도 애용 중인데, 해질 때까지 거의 다 써서 이제 몇 장 남지 않았다. 선물해준 사람이

얼마나 나의 관심사나 취향에 대해서 심사숙고해서 골랐을
지 미루어 짐작이 가서, 쓸 때마다 그 정성이 고스란히 느껴
진다.

단번에 상대를
이해하는 마법의 말,
'얼마나 힘들었으면'

나이가 들면서 '예전보다 마음이 많이 너그러워졌구나' 하고 스스로가 대견스럽게 여겨질 때가 종종 있다. 가끔 자고 있는 가족의 등이나 머리를 쓰다듬으면서, 마음속으로 '참 고생이 많네' 하고 읊조린다. 피차 함께 늙어가는 처지에, 나를 만나서 맞춰주고 받아들여주고 참아내느라 애쓴 가족에게 고맙고 미안하고 애틋한 마음이 든다. 물론 애증도 있고 원망하는 마음도 있다. 여전히 내 신경을 거스르게 하는 습관들이 눈에 띄어 짜증을 내게 되기도 한다. 하지만 전체적으로 아울러 보면 '측은지심'에 가까운 마음이 더 크다고 할까?

함께 살아가는 시간 중 많은 부분은 서로의 취향과 습관을 교정하는 데 열을 올렸던 것 같다. 치약을 왜 몸통부터 쭉 눌러서 짜는가 하는 것에서부터 옷을 아무렇게나 벗어놓는 것, 밤에 늦을 때 전화하지 않는 것에 이르기까지, 고치고 싶은 수많은 약점과 차이를 트집 잡는 데 힘썼다. 참으로 부단히 사소한 것으로 싸우기도 했던 나날이었던 듯하다. 잔소리를 하도 들어서인지 이제는 어느 정도 참아줄 만큼 맞춰지기도 했다.

입장을 바꾸어도 마찬가지일 것이다. 잔정이 없어서 주변 사람들을 살갑게 챙기지 못하는 무뚝뚝함, 옳고 그른 것은 누구 앞이라도 주장하고 말아야 하는 직설적인 필자의 성격 탓에 적잖이 당황하고 불만이었을 것이다.

서로가 약간씩 마모되어가면서 모난 것이 부드러워지고 얼추 서로 맞춰져가는 게, 삐걱대며 위태로운 듯해도 이제까지 굴러온 우리들의 관계가 아닌가 하는 생각에 웃음도 나온다.

그런데 어느 순간부터인지 잔소리를 하기 전에, '얼마나 힘들었으면…' 하는 이해가 먼저 튀어나온다. 급하게 볼일을 보러 나가느라 뒤집어 벗어놓고 간 잠옷을 들어 올려서 차곡차곡 개어준다. 세상에서 가장 가까운 내가 이해해주지 않으면, 바깥의 누구에게 이해 받고 살까? 애처롭고 측은한 마음이 든다. 그리고 그 마음을 담아서 최대한 잘해주고 싶다. 같은 음식이어도 더 좋은 것을 예쁘게 담아서 주려고 노력한다. 생필품을 살 때에도 좋아할 만한 예쁜 물건을 사주고 싶다. 밖에 나갈 땐 추울까봐 호주머니에 손을 넣어두었다가 따뜻해진 손으로 차가운 손을 잡아준다. 미소를 띤 눈으로 어느 새 부쩍 희어진 귀밑머리를 아련히 쳐다본다.

가장 가까운 이들을 측은지심으로 대하는 것은 우리의 마음을 따뜻하게 유지하는 데 필수적인 태도다. 각박해진 마음으로는 무엇도 품을 수 없다. 가장 가까이에 있는 이들을 서로 품지 못하면, 우리 모두 너무 외롭지 않을까.

7장

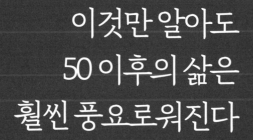

이것만 알아도
50 이후의 삶은
훨씬 풍요로워진다

꽤 경험이 많다고 자부할 나이다. 성취나 성공도 맛보았다.
그런데 이제껏 걸어온 나의 경험과 성취는 이제부터 걸어
갈 앞길에 얼마나 도움이 될까? 혹여 더 멀리 더 용기 있게
나아가는 데 방해가 되는 족쇄가 되지 않을까? 빠르게 변화
하는 세상 속에서 더 자유롭게 유영하기 위해서, 무엇을 털
어내고 간추려야 할까.

무엇도 할 수 있는 나이
vs
아무것도 할 수 없는 나이

'내가 네 나이였으면 세상에 못할 일이 없어!'

아마도 젊은이들이 나이 든 꼰대들에게 가장 듣기 싫은 말일 것이다. 필자 역시 다른 사람 인생에 대해 이러쿵저러쿵 참견할 시간이 있으면, 모쪼록 자기 인생을 충실하게 살아줬으면 하고 바란다. 스물이든 오십이든, 못할 일이 없다는 것은 똑같다.

돌아보니 내게 50은 무엇도 할 수 있는 나이였다. 전업을 시작했고 처음 자격증을 따기 시작해서 평생 갖게 된 자격증을 모두 취득했으며, 내가 살아가는 공간과 삶의 방식을 완전히 바꿨다. 대략 두세 가지 직업을 지속하는 동시에 새로이 개척하고 체험했다. 만약 그런 경험이 없었다면 지금 어떤 모습이 되었을까 상상하고 싶지도 않다. 만약 스스로 너무 나이 들어서 새로운 것은 아무것도 할 수 없다고 생각하고, 무사히 은퇴하기만 기다리며 살았다면 어땠을까 조금 오싹한 기분도 든다.

내가 그렇게 살아왔기에 부끄럽지만 당당히 말할 수 있다. 내일이 오지 않을 것처럼 맹렬한 기세로, 그러나 살아온 시간만큼 성숙하고 지혜롭게 세상 속을 유영하라고. 나보다 더 훌륭하고 대단한 사람들이 많으니 스스로가 초라해 보일지도 모르고, 언제 힘들어질지 몰라 한 걸음 한 걸음 내딛기가 두렵겠지만, 어떻게든 최선을 다해 살아가는 동안 비로소 충만함을 경험하게 될 것이라고 말이다.

한 영화에서 나이가 지긋한 할머니가 이제 막 상실의 경험을 한 중년의 사나이에게 조언을 해주는 장면을 보았다. 배우자의 죽음으로 상실에 빠진 그는 자신이 더 이상 세상에 살아남아 있을 필요가 없다고 절망하던 차였다.

"한 노인이 아주 작은 씨앗을 뿌리고 그걸 열심히 가꾸네. 작은 싹이 트고 가지가 굵어지고 마침내 큰 나무가 되어서 많은 사람이 쉴 수 있는 그늘을 드리우지. 그런데 정작 그 노인은 그 밑에서 쉬지 못해. 그걸 바라고 가꾼 것이 아니라네. 이것이 바로 세상이 아름다운 까닭이야. 자기가 쉴 수도 없을 나무를 가꾸고 키우는 사람이 존재하기에 말이네."

의기소침해지고 움츠러들기 시작하면, 아무것도 할 수 없는 것처럼 느껴진다. 반면 작은 것에도 의미를 부여하고 용기를 끌어내서 무엇이든 시작하고 만들다보면, 그 어떤 것도 할 수 있는 추진력이 생긴다. 지금은 기쁘게도 바로 그런 나이다.

7장. 이것만 알아도 50 이후의 삶은 훨씬 풍요로워진다

이제부터 나는
○○연구소
소장님이다!

개인도 얼마든지 수십만 명이 시청하는 미디어를 만들 수 있고, 전공을 하지 않은 아마추어도 얼마든지 한 분야의 전문가가 될 수 있는 세상이다. 그러니 오늘부터 당신 자신을 위한 연구소를 만들어, 내가 정한 분야에서 세상에 하나밖에 없는 전문가가 되어보는 것은 어떨까. 수많은 직업이 사라지는 세상에서 당신이 스스로 직업을 창조해내는 것이다.

네이밍을 구상하는 것만으로도 재밌다. '없는 재료로 뚝딱 음식을 만드는 야매 요리 연구소', '사람들이 관심 갖지 않는 아주 사소한 것들에 대한 연구소'… 뭐든 좋다. 그리고 당신이 바로 그 연구소의 소장이 된다. 요즘에는 저렴한 비용으로도 멋진 디자인으로 명함을 만들어주는 인터넷 서비스도 많이 있으므로, 명함까지 장만한다면 더욱 좋겠다.

기왕이면 나머지 인생을 바쳐 깊이 공부하고 싶은 주제라든가 이거 하나만은 자신 있는, 그래서 좀 더 학문적으로나 실용적으로 파고들고 싶은 주제면 좋겠다. 단순히 취미로 시작했지만 흥미를 느껴 열심히 탐구해보고 싶어진 분야여도 상관없다.

연구실도 하나 장만한다. 비싼 돈을 들여 사무실을 얻을 필요는 없다. 집의 남는 방 하나면 충분하다. 여건에 따라 독립된 방을 확보하기가 어려울 수도 있다. 그렇다면 전용 책상만이라도 마련하는 편이 좋다. 거실 모퉁이라도 좋다. 서랍이 달린 작은 책상 하나를 두고, 그곳을 주된 연구 공간으로 삼는다.

이제부터 이것이 당신의 새로운 직업이다. 본래의 직업과 병행해도 되고 온전히 이것에만 몰두해도 된다. 단, 직업을 갖듯이 상당 시간을 할애해서 이 일에 몰두해야 한다. 중

장기 사업 계획도 세우고 1년이나 반기, 분기별 목표로 설정한다. 이름만 걸어두어서는 아무것도 진전되지 않기 때문이다. 중장기 사업 계획으로는 유튜브 채널 개설이나 블로그 개설, 책 집필 같은 것을 설정할 수 있고, 단기 목표로 커리큘럼 수료, 현장 연수 같은 실천 과제를 수립할 수 있다. 그 결과 'TV 프로그램에 초대되어 패널로 출연한다' 혹은 '군중들 앞에서 강연을 한다'는 식의 미래 청사진을 구체화해 이미지 트레이닝을 해도 좋다.

실제 해외에는 이렇듯 자기만의 연구소를 만들어서 아무런 학위나 학문적 배경이 없이도 한 분야의 전문가로 우뚝 선 사람들이 꽤 많이 있다. 학자가 아니어도 한 분야를 깊이 있게 연구해서, 다양한 전문가들과 교류하며 누구보다도 왕성한 활동을 벌이기도 한다. 예전에는 영화학을 전공해야 영화 평론을 하고 과학 학위가 있어야 과학 칼럼니스트가 될 수 있었지만, 점점 그런 장벽은 무너지는 추세다. 요컨대 핵심은 번지르르한 외형이 아니고 진짜 실력이 있느냐다. 당신이 진짜 실력자가 되지 말라는 법은 그 어디에도 없다.

돈벌이보다
강력한
한 방!

지인 중에 뒤늦게 발동이 걸려, 고고학 연구로 새로운 이력을 시작한 분이 있다. 어렸을 때부터 '인디애나 존스'처럼 미지의 문명을 탐구하는 모험 영화를 좋아했던 그는 탐험가 복장을 하고 오지를 누비는 모습을 꿈꿨다고 한다. 하지만 그것은 그저 막연한 이상일 뿐이어서, 평범한 은행가가 되어 차근차근 진급하며 성실히 살았다. 하지만 불행히도 금융권 구조조정의 일환으로 조기 퇴직을 하게 되었다.

마흔 후반에 퇴직한 그는 틈틈이 파트타임으로 일하며

생활비를 벌충하는 동시에, 꿈으로만 간직했던 고고학 공부를 본격적으로 시작했다. 가족들과 상의해 저축과 약간의 수입, 그리고 나중에 받을 연금만으로도 충분히 생활이 가능할 정도로 최대한 생활 규모도 압축했다.

그는 고대 그리스 문명에 대한 공부를 하기 시작했는데, 얼마지 않아 장벽에 부딪히고 말았다고 한다. 조금만 깊이 들어가려고 하면 영어로 된 원서를 읽어야 하는 게 문제였다. 다 잊어버린 영어 실력을 최대한 끌어내 사전과 씨름하며 열심히 공부했다. 그렇게 몇 년이 지나, 또 다른 문제가 생겼다. 이번에는 더욱 깊이 있게 공부하려고 했더니 영어만이 아니라 프랑스어, 독일어, 그리스어까지 섭렵해야 했던 것이다. 고대 근동의 문명 연구는 대부분 이들 언어권 문서로 되어 있는데다, 문명이 기원한 언어의 뿌리로까지 접근하기 위해 결국 생판 모르는 분야까지 공부해야 했다.

이렇듯 십 수 년 동안 정진한 끝에 그는 언론사들이 관련 기사를 쓸 때 필수적으로 자문을 구하는 재야의 숨은 전문가가 되었다. 심지어 그들이 주최하는 문명 기행에 가이드로 초대 받음으로써, 자기 돈 한 푼 들이지 않고 문명 탐험을 떠날 수 있게 되었다. 돈벌이로 시작한 일은 아니었지만, 이제는 전공자들과도 토론을 벌일 정도로 반열에 오른 것이다.

막연히 무언가를 해야 한다는 당위는 우리를 행동으로 이끌지 못한다. '외국어 하나쯤은 해두는 게 좋은데', '나이 들어서도 주눅 들지 않고 당당하게 살고 싶다', '멋지게 나이 들었으면 좋겠다'. '내가 정말 하고 싶은 것을 하면서 살고 싶다'는 식으로 추상적인 생각은 그저 생각에 그친다. 아주 작은 것이라도 계기가 만들어지고 강력한 동기가 생겨난다면, 마치 실에 구슬을 꿰듯 무언가를 만들어갈 수 있다.

왜 해야 하는지 이유를 설명할 수 없는 공부를 할 때보다 오히려 가고자 하는 지향이 분명하고 그곳에 갈 수 있는 지식과 노하우도 많이 갖춰진 지금이 훨씬 더 전문가가 되기 위한 공부를 하기에 좋은 타이밍이다.

50 이후의 인생은
좀 더 예술적으로
살고 싶다

———————————— 지금의 50대들은 전형적인 베
이비붐 세대로 말 그대로 먹고 사는 생업 전선에서 맹렬하
게 뛰어왔다. 경쟁도 치열한 만큼 어떤 의미로는 한눈 팔 새
없이 앞만 보며 살아왔다 해도 과언이 아니다. 이제 경제적
으로나 시간적으로 어느 정도 여유가 생겨서 눈을 좀 돌릴
수 있게 되었건만, 예술적 바탕이 얕아서 민망한 때가 한두
번이 아니다.

유럽 등 유서 깊은 도시를 여행하다보면 미술관 기행은
빼놓을 수 없는 코스다. 미술 사조가 무엇이고 이 화가 그림

은 왜 좋은지 관람할 수 있는 눈이 있었으면 좋겠다. 길을 걸을 때에도 무엇이 바로크 양식이고 무엇이 고딕 양식 건물인지 정도는 알 수 있기를 바라고, 거리에서 바이올린 하나 달랑 든 악사가 연주하는 곡이 무엇인지 알고 감상했으면 좋겠다. 서양 문화뿐 아니라 우리나라의 문화에 대해서도 어느 정도는 알고 접근할 수 있는 '교양'이 절실하다.

50 이전까지의 인생이 첫 번째 인생이고 지금부터가 두 번째 인생이라면, 두 번째 인생은 조금은 더 예술적으로 살았으면 하는 바람이다. 첫 번째 인생이 생존을 위한 것이었다면, 두 번째 인생은 좀 더 전인적인 풍성한 교양인이 되기 위한 지향을 갖는다면 좋지 않을까. 이제부터는 더 많은 물질을 가지려 애쓰기보다 예술적 깊이를 더해가기 위해 노력하는 쪽이 더 풍요로운 삶을 가꾸는 비결이 아닐까 생각하게 된다.

나라는 사람을 교양이라는 물감에 푹 담갔다 뺄 수 있다면 좋으련만, 그런 방법은 없다. 그래서일까? '이 한 권만 읽으면 당신도 교양인이 될 수 있다'고 유혹하는 책들도 많다. 단숨에 예술적 소양을 채워준다는 다이제스트 정보도 넘쳐

난다. 그런데 막상 읽고 들어도 아무것도 남질 않는다. 예술적 소양이란 시간과 경험이 어우러져 오랜 시간 발효되어 비로소 향기를 내는 좋은 술과도 같기 때문은 아닐까 생각한다.

조급해할 필요는 없다. 시대가 너무도 좋아졌다. 예술이 돈 많은 귀족들의 전유물이었던 중세의 암흑기를 지나 많은 시민들이 그 수혜를 누리게 된 것이 르네상스다. 비유하자면 지금은 연중무휴 르네상스 시대라 해도 과언이 아니다.

주위를 조금 둘러보면, 예술 체험의 매개가 얼마나 많은지 새삼 놀라게 된다. 큰돈 들이지 않고도 향유할 수 있는 문화적 수혜 접점은 점점 더 늘어나는 추세다. 인터넷만 있으면 세계적 미술관의 작품들을 모두 관람할 수 있고, 세계 유수의 클래식 공연도 현장에 가지 않고 볼 수 있다. 멀티미디어는 예술을 향유하는 데 매우 효과적인 매개다. 잘 만들어진 클래식 영화 한 편을 보고 나면 난해하고 지루한 듯싶던 교향곡이나 소나타가 화면 속 아름다운 장면과 어우러져 뇌리 속에 각인된다. 여행 역시 그런 입체적인 경험 중 하나다. 뭐든 보고 오면 된다는 생각으로 가기보다는 미리 공부하고 준비해서 다녀오면, 한층 깊이 있게 체험할 수 있다. 신화나

문학 작품 등을 읽은 다음 관련된 유적지들을 돌아보는 식
으로 연관 경험을 하면, 더 실감나게 다가올 것이다. 모쪼록
당신의 두 번째 인생은 예술적으로 더 풍성한 시간이 되길
바란다.

대기업 회장처럼
스케줄을 계획하고
관리하라

공적인 스케줄이 없더라도, 의도적으로 일정표를 짜고 관리하기를 권한다. 보통 가정에서는 달력 등에 편의대로 가족 행사 등을 표기하곤 하는데, 그 정도에 그치지 말고 좀 더 적극적으로 일정 매니지먼트를 했으면 좋겠다는 말이다. 원하는 것을 하고 좀 더 풍성한 일상을 보내기 위해 필요한 것이 바로 일정 관리이기 때문이다.

필자의 경우 PC 워드 프로그램으로 만든 나만의 스케줄러를 이용한다. 요즘에는 휴대전화의 일정 관리 프로그램이나 전용 애플리케이션도 많이 나와 있으니, 알람 기능이나 공유 기능까지 있는 다양한 방식들을 사용해보고 자신에게 맞는 것을 고르면 된다.

필자의 스케줄러는 다음과 같이 구성되어 있다. 하루를 세 칸으로 나눠서 첫 번째 칸에는 매월 정해진 일정(가족들의 생일이나 기념일, 식사 약속, 모임이나 행사)을 적는다. 가운데 칸은 제일 넓은데 일단 비워둔다. 세 번째 칸에는 쇼핑해야 할 목록이나 메뉴에 따른 부식 재료 등 소소한 정보들을 적는다.

요는 가운데 칸이다. 이것을 무엇으로 채우느냐에 따라서 일상의 품질이 결정된다. 주로 '해야 하는 일'보다 '하고 싶은 일'을 적는데, 보통 일주일 단위의 계획을 미리 연필로 적은 다음, 하루하루 실제로 실천한 것이 있을 때에만 그 위에 볼펜으로 겹쳐 적는다. 계획에는 없었지만 우연한 기회에 하게 된 일정도 볼펜으로 적어 넣는다. 일주일이 지나면 하고자 했던 것과 실제로 실천했던 것이 얼마나 일치하는지 확인할 수 있다.

흔히 일정표 하면 '할 일 목록to do list'을 쓰는 것이라고 이해한다. 하지만 할 일만 적어서는 기록 이상의 기능을 할 수 없다. 더 중요한 것은 '하고 싶은 일'이다. 직장에서 정해진

기일 안에 해야 하는 일이 있을 경우 충실히 스케줄러에 기록하고 실천할 것이다. 그런데 일이 아닌 영역에서는 소홀하기 힘들다. 그런데 스케줄러를 관리하지 않고 막연히 생활하다보면, 정말 중요한 일을 하는 것이 아니라 눈앞에 닥친 일, 해야만 하는 일만 처리하는 데 급급해진다. 그렇게 일주일, 한 달이 지나면 뭘 했는지도 모르게 허무하게 시간이 흘러버리고 만다.

당신의 하루 일정이 대기업 회장님의 것보다 더 귀하지 않을 이유가 없다.

시간은 알뜰하게 쪼개어 쓰면 더 유용하게 쓸 수 있는 상대적인 자원이다. 현실 가능성이 떨어지는 허무맹랑한 일정을 짜라는 말이 아니다. 어떻게 하면 '하고 싶은 일'을 하는 비중을 늘릴지 고심하면서, 하루 5분 정도는 매일을 계획하고 회상하는 시간을 가져야 한다. 그렇게 하기 위한 좋은 방법이 바로 아침에는 스케줄을 계획하고 저녁에는 하루를 정리하면서 스케줄을 퇴고하는 일이다.

수필가가 에세이를 쓰듯이
일기로
나를 기록한다

———————————————— 필자는 중학생 무렵부터 꾸준
히 일기를 써왔다.

일기란 경험한 것을 기록하는 것이다. 어렸을 때는 주로
하루 동안 한 일에 대해 간략히 내역을 기록하는 정도였다
면, 점점 더 감흥과 소회를 담은 글에 가까워진다. 그렇다고
해서 매일 정성들여 쓰는 것은 아니다. 어떤 날은 '아! 오늘
은 정말 쓰기 싫다!' 하고 한 줄로 끝마치기도 한다.

오래도록 쓰다 보니 글 쓰는 요령이 늘어서, 이제는 흡
사 작가라도 된 듯한 기분으로 일기를 쓰는 즐거움을 만끽

하고 있다. 어느 날은 누군가에게 보내는 편지 형식으로 그 날 경험했던 것을 풀어내어보기도 하고, 어느 날은 시 한 구절을 써내려가듯 감성 넘치는 마음의 소리를 기록하기도 한다. 어느 날은 나한테 상처를 줬던 누군가에게 말로는 하지 못할 푸념과 화를 잔뜩 쏟아 붓기도 한다. 기록하는 사이, 나도 모르게 기분이 후련해진다.

많은 사람들이 감정 정화와 자기표현의 기법으로 글쓰기를 추천한다. 필자는 '일기 쓰기'야말로 내면의 깊이를 담아내면서도 솔직한 자기 표출을 할 수 있는 좋은 매개라고 생각한다.

일기 쓰는 습관이 없던 사람에게 갑작스레 일기를 쓰라고 하면 힘든 일일 것이다. 하지만 어렵게 생각하지 말고 하루에 단 한 줄이라도 좋으니, 작가가 된 듯 즐기는 마음으로 일기를 써내려가면 어떨까? 쓸 것이 마땅치 않다면 그 날 경험했던 감동적인 일화라든가, 읽거나 보았던 명문장이나 명대사 구절을 옮겨 적는 것부터 시작해도 좋다.

살다보면 제대로 된 문자나 문장을 단 한 번도 쓰지 않고 하루를 보내기도 한다. 용건만 퉁명스럽게 쓴 문자나 메시지는 문장이라고 보기 힘들다. 그런데 읽지도 않고 쓰지도 않고 보내는 나날이 길어지면, 창의력은 그만큼 말라간다. 무엇보다 글을 쓰는 것만으로도 뇌가 활성화되어 노화를 방지하는 데에도 도움이 된다고 하니, 쓰지 않을 이유가 없다. 누군가에게 보여줘야 한다는 의무감에 쓸 필요도 없다. 비밀번호를 걸어놓고 당신만 봐도 된다. 아무도 모르는 비밀 하나쯤 있다는 사실에 왠지 모를 스릴마저 느껴질 것이다.

7장. 이것만 알아도 50 이후의 삶은 훨씬 풍요로워진다

여유롭게 살려면
얼마만큼의 돈이
필요할까?

미디어나 컨설팅회사 등지에서 은퇴를 앞둔 이들에게 '얼마의 돈이 있어야 앞으로 안심하고 살 수 있을 것 같은가?' 하는 설문조사를 종종 한다. 몇 년 전까지만 해도 10억 원 정도만 있으면 좋겠다고 했는데, 요즘 사람들은 20억 원으로도 부족하다고 느낀다고 한다. 아마도 액수는 점점 더 올라가게 될 것이다. 금리가 하락하다못해 바야흐로 마이너스가 되는 마당이니, 거액의 현금 자산을 은행에 맡겨두어도 이자로 받을 수 있는 돈은 얼마 되지 않는다.

더군다나 자산의 대부분이 부동산에 묶여 있고 그마저 융자를 다 갚지 못한 상태인데다, 자녀 교육비나 결혼 자금, 부모 부양 등 들어갈 돈이 많은 중년들은 걱정이 더 앞서는 게 현실이다.

그렇게 걱정하는 것은 아무런 도움이 되지 않는다. 걱정한다고 없는 자산이 생겨나지도 않는다. 도리어 불필요한 불안감에 마음과 몸마저 상하게 될 뿐이다. 그럴 때에는 남들과 다른 발상으로, 생각의 방향을 바꾸는 것이 낫다.

은퇴로 인해 수입이 없어질 줄 알았는데, 파트타임으로 월 100만 원을 벌 수 있게 되었다고 하자. 그러면 요즘 금리로 따지면 자산가가 은행에 10억 원을 넣어놓고 받는 이자 소득만큼 버는 셈이다. 극단적인 비유지만 10억 자산가와 동급인 셈이 된다. 낮은 금리로 인해 제대로 기능을 하지 못하는 '죽은 자산'보다 당신이 건강하게 살면서 기회를 잘 포착해서 꾸준히 거두어낸 '살아 있는 소득 자산' 쪽이 더 쏠쏠할 수 있다는 말이다.

애초에 자산을 충분히 확보해서, 그때부터 아무것도 하지 않고 여유롭게 살겠다는 생각 자체가 부질없다. 아무리

자산이 많아도 몸이 심하게 아프거나 큰 욕심을 부려 무리하게 사업을 벌이다가 단번에 잃어버릴 수도 있다. 애초에 안정적이고 여유롭다는 보장 자체가 우리 삶에 존재하는 개념이 아니다. 10억 자산가는 100억이 아니면 불안하다고 느낄 것이고, 100억 부자는 그 이상이 되어야 명함은 내민다고 생각한다. 끝도 없는 욕망의 수레바퀴에서 한 발 자유로워져서, 지금 내가 할 수 있는 일을 하면서 조금씩 지혜롭게 미래를 대비해가면 된다. '10억, 20억이 있어야 된다!' 가 아니라, '월 2~30만 원씩이라도 꾸준히' 노후를 위해 현명하게 투자해가면 된다. 그렇게 10년, 20년이 흐르는 동안, 자연스레 당신은 지금보다 더 잘살 수 있는 준비가 되어 있을 것이다.

뺄셈을
하다 보면
알게 되는 것들

———————————— 막연히 미래에 대한 불안감을
갖고 있는 이들조차 자신이 돈을 어떻게 지출하고 있으며,
자산은 어떻게 분포되어 있고, 앞으로 어떤 방향으로 재무
관리를 해야 할지 구체적으로 점검하지 않는 게 현실이다.

50부터는 많이 버는 것보다 씀씀이를 줄여가는 게 더 중
요하다. 어차피 많이 벌 수 있는 기회가 그리 쉽게 오지 않
는다. 그런데 씀씀이의 경우는 40대에 해오던 관성으로 계
속 유지되어오는 경우가 많다. 사회생활을 하는 경우 이 나
이면 경력의 피크에 해당하기 때문에, 남들에게 보이기 위

해 체면상 지출하는 돈도 만만치 않다.

　대체로 위기의식은 느끼기 시작한다. 그런데도 씀씀이가 쉽사리 줄지 않는다. '이제까지 살아오던 게 있는데 어떻게 하루아침에!' 하고 생각하겠지만, 지출은 급정거가 힘들다. 브레이크를 서서히 밟아가면서 속도를 줄여가야, 언제 닥쳐올지 모를 수입 절벽에 대처할 수 있다.

　우선 가계부를 쓰길 권한다. 뭉뚱그려 '이 정도 쓰겠지' 하고 감으로 추산하지 말고 가족들의 지출을 모두 합산 정리해서, 실제 사용한 내역을 1~2개월 정도 결산해본다. 결산을 해서 월별 지출 금액이 산출되었다면, 그 다음에는 '예산'을 수립한다. 사용 금액 중에 '꼭 필요한 지출'과 '불필요한 지출'을 나눈 다음, 꼭 필요한 지출에 대해서만 예산을 계획하는 것이다. 예산에 따라 지출하는 습관을 반복하면서, 예산에 없는 불필요한 지출을 계속 줄여나간다.

　예산대로 지출하려면 몇 가지 기존의 지출 패턴을 수정해야 할 것이다. 여러 장의 신용카드를 무계획적으로 쓰는 습관, 충동적으로 구매하는 습관, 기분 전환을 위해 돈을 쓰는 습관…. 수입이 아무리 많아도 새어나가는 게 많으면 돈은 모이지 않는다. 무엇보다 단순하게 사는 라이프스타일을 시작하면, 습관적으로 새어나가는 돈의 상당 부분을 막을 수 있다. 더 구체적인 재무 관리는 훌륭한 전문가들이 조언하는 여러 방법들이 있으니, 그것을 참고해 적용하면 된다.

필자는 요양 분야에서 일하면서 많은 것을 느끼게 되었는데, 바로 '돈을 쓰는 데 만족이란 게 있을까?' 하는 것과 '호사스럽게 산다는 것이 얼마나 가치 있는 일일까?' 하는 점이다.

나이가 들어 몸이 많이 아프거나 돌볼 사람이 없어져서 요양 시설에 가게 되면, 아무리 화려하고 멋지게 살던 사람도 '짐 가방 하나'와 함께 들어온다. 체력이 나빠져 유동식을 먹어야 하는 사람에게 화려한 프랑스 요리는 아무런 의미가 없다. 아무리 값비싼 옷이 많아도 외출할 수 없으면 무용지물이다.

이제 돈을 쓰는 데서 오는 만족감 대신, 매 순간을 소중히 하고 좋은 경험을 하며 자기를 아끼는 데서 오는 만족감을 만끽하는 연습을 시작했으면 좋겠다.

50부터는
버는 것보다
요걸 잘해야 한다

젊어서는 돈이 무섭다는 생각을 별로 해본 적이 없었던 것 같다. 언제든지 마음만 먹으면 벌 수 있고, 기분 내키는 대로 써도 다시 채우면 된다고 생각했다. 그런데 어느 정도 나이가 먹으면서 돈에 대해 초조해진다. 여전히 들어갈 데는 많은데, 나올 구석은 빤하다. 부동산 같은 자산이 있다고 해도 어느 날 가치가 폭락할지 모르고, 지금 잘나간다고 해도 언제 꺾일지 모른다.

젊어서라면 모르지만, 이 나이가 되어서 '난 돈에 대해서 별로 감각이 없어요' 혹은 '투자나 재테크 같은 건 내 관심사가 아니에요'라고 말하는 것은 조금 부끄러운 일이 아닌가 생각한다. 돈은 인생의 모든 무게추가 되어 온통 관심을 집중시킬 대상도 아니지만, 그렇다고 무지해서 어떻게 흘러가는지 몰라도 되는 대상도 아니다.

나이가 들면 벌어들일 수 있는 재화에 한계가 있다. 대개 수입은 50 전후로 피크에 이르렀다가 서서히 줄어든다. 수입이 줄어든다는 것은 현재 보유한 자산을 유지·관리하면서 남은 생을 살아야 한다는 의미다. 젊은이들의 경우는 물가에 따라 급여나 수입도 올라 보조를 맞출 수 있지만, 자산뿐인 장년층은 점점 자산의 실질가치가 줄어들게 된다. 저금리 시대에는 더욱 그렇다. 그래서 자산을 어떻게 관리하느냐가 중요하다. 보수적이면서도 현명한 관리 감각이 필요하다는 말이다.

보수적이라는 것은 '지키는 것을 중심으로' 해야 한다는 말이다. 소위 말해 큰돈 내놓고 큰돈 가져간다는 하이 리스크 하이 리턴high risk high return 투자는 어울리지 않는다. 자칫해서 사기나 상술에 현혹되면 큰 낭패를 본다. 대개 큰 욕심을 부리다가 이런 꼬임에 넘어가게 된다. 손바닥도 마주쳐야 소리가 난다고, 사기도 어느 한쪽 일방의 욕망만으로는 성립되지 않는다. 퇴직금을 털어서 큰 매장만 열면 매월 꼬박꼬박 큰돈이 들어온다, 나만 알고 있는 투자 정보인데 당신한테만 특별히 알려준다, 누구누구도 여기 들어와서 돈을 벌었다… 심지어 내로라하는 은행이나 금융 기관들조차 고금리라는 명목으로 사기 성격이 농후한 금융 상품을 파는 도덕적 해이를 저지른다.

눈을 크게 뜨고 세상의 흐름에 둔감하지 않아야 한다. 논리적 사고를 통해 헛된 욕망을 자극하는 상대의 논리적 허술함을 간파할 수 있어야 한다. 무엇보다 상식 이상 큰 수익의 기회가 나에게 공짜로 올 리 없다는 것을 알아야 한다.

현명하게 자산을 관리해야 한다는 것은 '폭넓은 시야'를 확보하려 노력한다는 뜻이다. 주식이나 채권 등의 금융 투자, 부동산이나 리츠 등의 실물 투자, 환율이나 산업 동향 등 경제 현황에 대한 책들을 읽고 공부해두길 바란다. 거금을 모아서 저금리로 죽어가는 은행 저축에 넣어두는 것보다, 매월 조금씩이라도 전도가 유망하고 안정적으로 수익이 나오는 배당주식이나 리츠 상품에 투자하는 쪽이 노후 대비에 더 효과적이다. 투자 분석가나 은행 직원에게 온전히 의존하지 말고, 스스로 공부해 내 자산의 미래가치를 높이는 일을 시작해보자. 요즘에는 안방에 앉아서도 세계 곳곳의 유망 상품에 얼마든지 투자할 수 있으니, 그 어느 때보다 자유롭게 선택할 수 있다.

은퇴 후에는
이것이 있다는 걸
깨달아야 한다

필자 주변에는 인생 후반부에 새로운 일에 도전해서 지금도 맹활약 중인 사람들이 꽤 있다. 노령화가 심화되어 점점 더 많은 사람들이 은퇴 행렬에 들어오고 일자리 등 기회를 박탈당한다. 그러나 거꾸로 생각해보면, 50 이후의 은퇴자가 많아진 세상에서 그들을 대상으로 하는 시장이 생겨나고 그 결과 새로운 기회도 얼마든지 만들어진다. 당신도 세상 돌아가는 모습을 잘 관찰하고 그 안에서 기회를 찾아내어, 얼마든지 새로운 길을 모색해갈 수 있다.

A는 시에서 사회복지 업무를 담당하고 있다. 60세에 정년을 앞둔 A는 노인 분야의 복지 수요가 많은 것에 착안해, 복지 법인을 만들기로 결심했다. 법인 설립자 요건에 따르면 두세 개의 관련 자격증을 보유해야 했다. A는 자격증을 취득하는 동시에, 기존의 다른 법인에서 자원봉사자로 수개월 동안 실무 경험도 쌓았다. 마음에 맞는 동료들도 만나서 몇 명이 합심해 법인을 설립했고, 요양 보호사 파견에서부터 보험 청구 사무에 이르기까지 법인 운영에 필요한 모든 업무를 직접 컴퓨터를 이용해 처리하면서 지금도 왕성하게 일하고 있다. 70세가 넘었지만, 매일 법인으로 출근하며 왕성한 하루하루를 보내고 있다.

B는 필자가 강의하던 대학의 학사처장으로, 연배도 비슷해서 종종 어울리곤 했다. B는 우연한 기회에 자기 얘기를 들려줬는데, 꽤나 모진 스토리였다. 결혼하고 아이 둘을 낳자마자 남편이 태국으로 발령 받게 되었는데, 얼마지 않아 갑작스레 교통사고로 사망했다. 두 아이를 키워야 했던 B는 운 좋게도 모교 도서관에 일자리를 얻어 근무하게 됐고, 성실한 근무태도로 눈에 띄어 학사처장까지 올라가게

되었다. 그런데 55세 되던 해에 B는 예전부터 마음에 품고 있던 생각을 실행에 옮기기로 결심했다. 태국에서 일본어 선생님이 되기로 한 것이다. '지금이 새로운 것을 배워 직업을 바꿀 마지막 기회라고 생각한다. 남편이 죽은 태국에서 도전하고 싶다!' B는 정말로 일본어 교사 양성 과정을 수료하고 검정시험에 합격해서, 태국으로 건너갔다. 10여 년이 지난 지금도 여전히 그곳에서 일본어를 가르치고 있다.

D와는 필자가 근무하던 대학에서 우연히 알게 되었다. 아이들을 다 키워놓고 취미 삼아 여름 평생교육 강좌에서 수화 수업을 듣는 중이라고 했다. 처음엔 입문으로 시작했지만, 상급과 어드밴스 과정까지 수료해서 거의 모든 대화를 수화로 할 수 있게 됐다고 한다. 재능을 썩히기가 아까워서 지자체에 수화 봉사자로 등록했다. 그런데 별로 활동 기회가 적어 부족한 느낌이 들었다. D는 더 전문적으로 공부하기 위해 수화 통역 과정을 등록해, 지금도 열심히 다니고 있다. 자격시험까지 통과하려면 꽤 어려운 과정이라고 한다. 앞으로 분명 좋은 활동을 보여줄 것이라고 기대한다.

지금 당장 기회가 손에 잡히지 않는다 해도 필요한 기술을 습득하고 현장에서 요구되는 요건을 충족하기 위해 노력하는 한, 반드시 기회는 어디에든 있다. 기회가 왔을 때 잡을 수 있는 사람이 있고, 기회가 어딘가에 있는데도 상황 탓만 하는 사람도 있다. 부족함이 없도록 자기를 갈고 닦는 사람은 기회가 왔을 때 그에 걸맞은 준비가 되어 있을 것이다.

생각보다 긴 시간,
세상에 무엇을
덧셈할 수 있을까?

필자가 유학한 미국은 기독교 전통이 강해서인지 '사회 기여'에 대해 삶의 방식의 일부로 아주 깊이 각인되어 있다. 은퇴 후에 상대적으로 자유로워진 생활을 보내기 시작하면, 누구나 '어떻게 사회에 기여할 것인가'에 대해 많이 생각한다.

미국에서 공부할 때 대학원 지도 교수님의 전공 분야는 영양학이었다. 그중에서도 개발도상국의 영양과 식량 사정에 관심을 많이 갖고 연구하고 가르치셨다. 교수님은 졸업식 날 우리에게 이렇게 말씀하셨다.

"기아로 허덕이는 사람이 전 세계 인구의 1/3이나 됩니다. 여러분은 세계 어디를 가든, 여러분이 있는 자리에서 할 수 있는 일을 하세요. 그것이 이 좋은 공부를 한 이유입니다."

그 말씀은 오래 마음에 남아 있다.

비록 아직까지는 교수님의 가르침대로 큰 기여를 하고 있지 못해 부끄러울 따름이다. 틈나는 대로 유니세프나 세이브더칠드런 같은 기아 구제 기관에 소액이라도 기부를 해왔다. 또 지역에서 재해나 사고가 발생했을 때, 요양 보호사 자격으로 봉사 활동을 벌이기도 했다. 앞으로는 좀 더 시간을 내서 교수님에게 배운 대로 실천하고 싶다.

필자의 지인은 한 중학교 여자 축구부에서 맹렬히 연습하고 있는 선수 하나를 매월 후원한다. 그 학생은 집안 형편이 어려워 축구를 포기할 상황이었는데, 지인을 비롯한 몇몇이 후원회를 결성해 장학금과 운동 장비 구입비, 식비 등을 지원하기 시작했다고 한다. 용기백배한 학생은 지역 리그에서 활동하면서 미래의 축구 꿈나무로 무럭무럭 자라고 있다. 막연히 '뭔가 공헌할 일이 없을까?' 하고 동사무소를 방문했는데, 마침 사연을 잘 알고 있던 공무원이 연결해주었다고 한다.

예전과 달리 재산을 자녀에게 물려주지 않고, 장학재단 등을 설립해 사회 공헌에 기여하고자 하는 사람들이 많이 늘고 있다. 기금을 마련해 지역 도서관을 설립한다든지, 재정 지원이 부족한 예술 활동을 후원하는 사람들도 있다. 이탈리아 메디치 같은 유서 깊은 가문은 막대한 부를 축적한 것으로도 유명했지만, 예술을 후원하는 일에도 앞장 선 것으로 그 명성을 후대에까지 오래도록 남겼다. 마이크로소프트 빌 게이츠는 빌앤드멜린다재단을 만들어 전 세계에서 말라리아를 퇴치하는 일에 앞장서면서, 사업을 할 때보다 더 존경 받는 인물이 되었다.

나이가 들다보면, '이렇게 분주하게 발버둥 치며 살아온들 과연 누가 그걸 기억해줄까?' 하는 허무함이 문득 엄습해오는 순간이 있다. 물건을 뺄셈한다는 것은 하루하루 앞만 보며 살아가게 만드는 욕망의 굴레에서 조금은 자유로워지고자 하는 노력이다. 마음을 덧셈한다는 것은 점점 더 희귀해지는 시간이라는 자원을 나 자신을 위해, 그리고 의미 있는 삶의 순간을 위해 사용하기로 결심한다는 의미다. 이렇듯 삶의 방향을 선회해가는 동시에, 조금이나마 세상에 아름다운 흔적을 남기기 위해 노력한다면, 삶에서 느껴지는 허무함이나 자조는 줄어들 것이다. 저마다 자기가 할 수 있는 방식으로 세상에 긍정적인 흔적을 남기려 노력한다면, 한정된 우리 삶이 남기는 여운이 오래도록 많은 이들에게 은은히 미치게 될 것이다. 이제 세상에 어떤 흔적을 남기고 싶은지 생각해야 하는 나이다.

옮긴이 김진연

성신여자대학교 경영학과를 졸업했고 한국외국어대학교 통번역 대학원 한일 국제회의동시통
역학과를 수료했다. 현재 번역 에이전시 엔터스코리아에서 출판기획 및 일본어 전문 번역가로
활동하고 있다.

주요 역서로는 《논어의 인간학》《공자의 숲을 거닐다》《잘 나가는 가게 노하우 151》《오른손
엔 논어 왼손엔 한비자》《경영자가 가져야 할 단 한 가지 습관》《친절한 세계사》《돈키호테
CEO》《이나모리 가즈오의 사람을 내 편으로 만드는 기술》《가치 있는 나를 만나는 20가지 질
문》《리더를 위한 관계 수업》등 다수가 있다.

50부터는
물건은 뺄셈 마음은 덧셈

초판 1쇄 발행 2020년 7월 20일
초판 5쇄 발행 2022년 6월 21일

지은이 이노우에 가즈코
펴낸이 정덕식, 김재현
펴낸곳 (주)센시오

출판등록 2009년 10월 14일 제300-2009-126호
주소 서울특별시 마포구 성암로 189, 1711호
전화 02-734-0981
팩스 02-333-0081
전자우편 sensio@sensiobook.com

디자인 섬세한 곰

ISBN 979-11-90356-65-7 03190

소중한 원고를 기다립니다. sensio@sensiobook.com